U0069082

買票政治學

民主奇蹟下的賄選怪象

＊注意！抓鬼大隊來了！

王洲明

著

抓鬼隊的靈魂人物

/曾明財

　　初識王洲明老師,是我 1986 年還是菜鳥記者時。他年長我幾個月,在梧棲鎮任教,為了一件農會剝削基層農民案,主動來《台灣時報》台中採訪辦事處投訴。

　　由於他住偏僻的海線,我則在山線的豐原或台中市區跑新聞,很少機會見面,偶而在選舉期間的群眾場合相遇,也僅止於打招呼。

　　台中縣長廖了以賄選案於 1989 年底爆發,長達一年以上的司法程序,讓「捉鬼隊」隊長蔡百修一炮而紅。其實,捉鬼隊執行秘書王洲明,才是真正的幕後靈魂人物。

　　我 1992 年調往彰化縣任職九年,後來又到台北工作,較少再注意王洲明後續消息,不定期則在報紙言論版看到他的文章,大部分是檢討台灣選務或批判賄選。

　　2020 年十二月,「台中新文化協會」出版《在威權下的天空》,介紹台中 21 位基層民主志工,王洲明是其中之一。我們在新書發表會重逢,並互加 Line 和 Facebook 朋友。

　　之後,相約在沙鹿區英才路附近喝咖啡,暢談兩三個小時,才知 20 多年來許多精彩故事。卻也發現他身體欠安,這些年已進出醫院多次,但談及當年反賄選運動歷程,則又

■曾明財與作者王洲明（左）

神采奕奕。

　　整理出版文稿期間，他又開刀手術三次，八月上旬再度入院治療，腳骨神經劇痛到三天三夜無法入眠，食欲不振，虛弱得幾乎說不出話來。

　　《買票政治學——民主奇蹟下的賄選怪象》書中，都是真人、真名、真事、真數據，以賄選與反賄選為重心，觀察並彙整官方「棍子與胡蘿蔔」的作為與產出效果，在司法獨立與侍從體制崩解後的買票新手法，以及官方針對行賄手法的「道、魔」因應之道，也有深入敘述。

　　最精采的是他紀錄真實捉鬼個案與親身實戰筆記，以實例融化官方獎勵抓賄獎金的糖衣，更以實證刺破政客吹噓捉鬼懸賞獎金的謊言。

　　王洲明的「真」，這輩子已得罪太多地方政客，他說自己幾乎沒朋友，也不會交際應酬，更拒絕已出社會的學生來訪，以免「前途」被他所誤。

　　王洲明當年榮獲「雷震民主人權基金」頒獎的碩士論文，似乎僅能珍藏在大學圖書館，靜靜等待有智慧的人挖掘。預祝本書發行大大成功，讓更多年輕人可以看見台灣反賄選運動的努力與貢獻。

（本文作者曾任職台灣時報、首都早報、中國時報，
1998-2000 年擔任台灣新聞記者協會會長）

我為何投入反賄選運動

／王洲明

我 15 歲時，礙於家庭經濟困窘，就讀公費師專，等同將一生青春被父母強制賣給政府。畢業後，為了便於向雙親晨昏定省，回鴨母寮（永寧國小）執教，也達成回饋母校的心意。

回母校教書，接手與學習家中大小事務，逐步融入社區。當與政府機關接觸洽辦業務時，目睹基層官僚化、辦事牛步擾民化、公共工程建設偷工減料，讓人失望！

當年滿 20 歲，欣喜有投票權，但連續兩屆的梧棲鎮長選舉都是同額競選，外界盛傳是「搓湯圓」造成的結果。該選區的縣議員應選 8 席，登記的候選人也剛好是 8 人。台灣在國民黨一黨專政下，基層民意代表與地方首長以金錢堆砌而成，屆屆相傳且變本加厲。

早期的候選人不乏地方仕紳，選前僅以肥皂、毛巾、味素等日常生活用品聊表心意；逐漸則改成折合現金，賄選金額逐屆加碼，變成是撒錢比賽，撒越多，當選機率越高。

為了提高「鈔票換選票」的兌現率，暴力介入拔樁、運用黑道固樁、動員樁腳在投票日固票；拉票則採取複式動員，落實拉票到家，達到護票入甌的目標。

■王洲明榮獲全國優良教師表揚

　　至於各級民代「主席」、「議長」的選舉，由於「代表」、「議員」人數有限，且採「單記、多者勝」模式，所以大都在民代選舉前給「前金」、選後補「後謝」方式進行，且在開票揭曉後，當選者遭到暴力柔式拘提，集體管束出遊。這期間管制對外通信，以確保「主席」、「議長」投票日集體出現議場時，能技術性的亮票，且天衣無縫精確的圈選出早已規劃的閃亮金牛。

　　我和一群志工 1989 年成立抓鬼隊，主動在各選區宣導「抓鬼致富」、「搶救民主」的運動理念，獲得支持者熱烈響應，一開始即獲得佳績，造成風聲鶴唳、樁腳震懾的效果。

	案發日	地點	檢舉人	被檢舉人	候選人（選項）	獎金
1	1989.12.1	梧棲	蔡百修	陳忠榮	廖了以（縣長）	20 萬
2	1989.12.1	梧棲	蔡百修	蔡隆稽	李子駸（立委）	20 萬
3	1989.12.1	烏日	林水泉 賴國欽	賴金良	廖了以（縣長）	20 萬
4	1990.6.15	潭子	林竹旺	許明昭	謝玉寶（鄉代落選）	20 萬
5	1991.12.19	梧棲	蔡百修	蕭素珍	張文儀（二屆國代）	50 萬
6	1991.12.20	大甲	羅榮錚	郭啓南	劉德成（二屆國代）	50 萬
7	1991.12.19	太平	蘇春 游松根	張錦順	朱爲中（二屆國代）	50 萬

　　前桃園縣長許信良認為，「嚇阻遏制國民黨賄選，民進黨才能早日執政」，所以他擔任民進黨主席期間，抓賄獎金加倍發給。台中縣抓鬼隊試著提出申請，許主席果然阿莎力

給獎。當時法務部每案獎 20 萬、民進黨給 50 萬；法務部提高每案 50 萬、民進黨就發 100 萬，隊長都領到了。他強調：「即使讓民進黨破產，也要發抓賄獎金。」

1990 年某日，「ㄨㄨ娘，叫你不要選，你偏要去登記！」家父從「百姓公」廟回來，碰到我，氣沖沖就把他的習慣用語（三字經）掛在話頭罵我。

「今天又是怎麼了？」我要問個清楚，今天老爸在氣啥？

「ㄨㄨ娘，你登記參選鎮長，我向在玩自摸的牌友拉票；當他們知道我們沒準備買票，就七嘴八舌的訕笑：沒錢跟人家選什麼？選假的嘛！等人來搓啦！」

「爸！登記參選是我的權利。他們要選誰？是他們的自由。哪有不買票，就要遭受侮辱的下場？何況，賄選是違法的行為，幹違法的勾當，還那麼囂張，根本目無法紀。把錯誤的習慣當做是應當的，顛倒是非價值，以致讓黑金充斥政壇，暴力綁樁橫行霸道，已經使台灣的民主倒退，選賢與能已成空談！」

「ㄨㄨ娘，你講那麼多，誰聽你的？你們這些讀書人，都是書呆子！課本寫的、老師教的，都是不切實際的理論，跟社會現實剛好相反。反正我們沒有用錢買票，沒有人會理我們。」

競選活動期間，父子對選舉路線看法相左，全家在低壓中度過，父親每天垂頭喪氣、悶悶不樂。金錢買票、社交網絡綁樁，讓台灣基層選舉幾乎由金牛包辦，賢能仕紳逐步退

出政界。

　　選舉販子以三合一（選舉名冊、宣傳單、鈔票）手法，公然沿街挨家挨戶、清點該戶公民數、點算應給鈔票數目，交付鈔票，期約為一定之行使。公然買票，已不分地域、城鄉、省籍、族群，在一黨專政下，大方為之。查察賄選，只是口號。

　　檢調，只在選前樣板式的「選賢與能、踴躍投票」宣傳；各縣市的地檢署，抓幾個小椿腳應景充數，向外界交代「我們也有在反賄選」。而賄選案情在椿腳即遭到斷點，少有向上發展，所以候選人高枕無憂，金牛個個準備在開票後放煙

■王敏色（右）檢舉郭榮振送賄選禮盒

火慶祝高票當選。

　　民間如此普遍的行賄手法樣態，官方如此的視而不見放縱，難怪選舉販子敢膽向我父親揶揄，並嗆聲：「無錢，甲人選三小！」這些破壞民主的主犯、從犯，視選舉犯罪為民主常態，如不挺身站出來，強力與這些惡勢力對抗，難以遏制這股數十年的賄選惡風。

　　我，基於對抗、遏制賄選的觀點，與志同道合的朋友組織抓鬼隊，並自封為「台中縣反賄選運動促進會」，開始大力宣傳反賄選理念，與在地的檢調聯繫，積極布局抓鬼。我也向父親保證，在他有生之年，一定讓他看到買票樁腳如過街老鼠！

　　本書，感謝曾明財兄的幫忙，感謝前衛出版社印製發行，以及國家人權博物館補助部分出版經費。

　　從事 30 多年的反賄選工作，家人不但包容，還經常陪伴、幫助，無懼社會各界異樣的眼光。親人的適時相挺，讓我感到溫暖。我這輩子受國家公費教育栽培，受國人納稅供養薪俸，所以奉獻教職外的餘命，為台灣民主做些卑微的貢獻。

　　這次拿出部分退休金出版本書，在五光十色的當今社會，出版硬綁綁的紙本政治話題，發行當然不看好，只是做歷史的紀錄與見證。如今，看到反賄選已成全民共識，是我最大的欣慰。

目錄

啓幕：
兩個案例一個省思

1989年台中縣長賄選案

　　1989年台中縣長選戰，民進黨提名海外返鄉的楊嘉猷，國民黨推出已擔任兩屆豐原市長的廖了以。據媒體報導，隸屬地方紅派的廖了以，和即將卸任的黑派縣長陳庚金不同調，雙方以前有選舉恩怨，部分黑派人士暗中支持楊，選情暗潮洶湧。

　　開票結果，與台中縣農會高層估票完全吻合，楊嘉猷以十萬票之差落選，只輸十幾個百分點，雖敗猶榮。同時進行的立委、省議員選舉，因相互拉抬造勢，民進黨立委候選人田再庭脫穎而出，參選省議員的廖永來則高票落選。

　　投票前夕意外衍生賄選案，12月1日上午，抓鬼隊長蔡百修在梧棲鎮街上，抓到正爲廖了以買票（每人100元）的椿腳陳忠榮，他向選舉查察小組檢舉後，下午帶承辦檢察官進一步追查，又遇到鄰長蔡隆稽正準備爲國民黨立委候選人李子駿、省議員候選人郭榮振買票（每人200元）。

　　經當場再向檢察官檢舉，果然在蔡隆稽身上搜出賄款1萬6000元及選民名冊。行賄報酬是每位里長紅包2000元、

每位鄰長紅包 650 元。

　　此案偵辦結果，被起訴的七人是梧棲鎮長王瑞宏、梧棲鎮民眾服務分社（國民黨鎮黨部）主任林永遠、鎮民代表薛再傳、中和里里長林英聲、第三鄰鄰長陳忠榮、中正里第四鄰鄰長蔡隆稽、里民蔡添樹。

　　當年買票是稀鬆平常的事，所以檢察官前往陳忠榮家搜索時，也是樁腳之一的蔡隆稽不但沒有懼怕、迴避，反而到場看熱鬧，要看看「各縣市都在買票，這個檢察官是在抓什麼意思」？剛好被眼尖的蔡百修辨識發現，立即請檢察官搜身並查扣現款。

　　本案爆發後，證據與案情原本只圍繞在陳忠榮和國民黨鎮黨部而已，但是後續接辦的檢察官呂太郎，偵辦態度積極，更搜索國民黨台中縣黨部、台中縣政府縣長室，震驚地方政壇。

　　台中地檢署檢察長張順吉也指示主任檢察官王添盛，率領呂太郎及資深檢察官劉家芳全力偵辦。呂太郎放手一搏，帶著調查局幹員積極查究，也搜索到「提高投票率則給予獎勵小型工程款」的證物，還一度要以瀆職理由查辦，但最後查無直接證據可牽連到廖了以。

　　依過去查辦賄案的慣例，檢調的態度都是大事化小、小事化無，檢調自動找斷點，敷衍結案。最多，抓幾個小樁腳頂罪、扛責，斷點了事。

　　一黨專政時代，國民黨高高在上，檢調單位哪敢侵門踏戶進入黨部搜索？呂太郎率調查員搜索台中縣黨部的動作，

■梧棲鎮長涉嫌買票遭起訴
（中國時報 1990）

■偵辦賄選案大振人心
（自立晚報 1990）

■國民黨縣黨部黨工被判刑
（聯合報 1991）

是歷史性的突破。

而在那年代，縣市長是地方的最大諸侯，檢調單位對縣市長禮遇有加，更哪敢率員進入搜索？呂太郎搜索縣長辦公室的動作，也是劃時代的一刻。

國民黨的鄉鎮市「服務站」主任，外界稱為地下鄉鎮市長；國民黨縣市黨部主委，外界比喻為地下縣市長。各級黨工高高在上，檢調大都禮讓三分。這次梧棲服務站主任遭到起訴、判決有罪定讞，這也是史上第一次。

在梧棲民眾服務站召開的輔選會議，很自然地邀請黨籍從政同志王瑞宏鎮長主持，呂太郎根據查扣的輔選會議紀錄簽名，逐一傳喚到案說明，王瑞宏因此被起訴在案。

王瑞宏在一審即獲判無罪，乃因他辯解：「他是梧棲黑派領導人，廖了以是台中縣紅派候選人，他不可能支持。」至於他為何主持梧棲鎮的輔選會議？「因他是一鎮之長，出席輔選會議並簽名，乃基於禮貌；開會時，他簡單開場後隨即離開。」這個辯解為一審法官所採信，因而獲判無罪。

2000 年總統大選賄選案

經過十年後，2000 年總統大選投票日倒數關鍵，一輛旅行車於深夜押送 7000 萬元現鈔，悄悄抵達彰化縣鹿港鎮郊區，借用某私人工廠金庫一晚。負責押鈔的某議員，還私下跟工廠老闆笑說：「最危險的地方，就是最安全之處。」

隔天一早，這一捆捆百元鈔票隨即被取出，安排發放各

■王坤盛稱讚檢察官李進清是
　清流正義

■王坤盛逮獲國民黨爲連
　戰買票，百元鈔票掉滿
　地（攝影／周爲政）

■國民黨後援會長落網
（中國時報 2000）

■檢方搜索副縣長辦公室（聯合報 2000）

■員林鎮長被羈押（聯合報 2000）

村里每票 300 元，都安然無事。不過，3 月 16 日中午，距離鹿港十多公里的員林鎮，卻爆發椿腳為國民黨候選人連戰買票，當場人贓俱獲的大案。

國民黨椿腳在光天化日下買票，被從事徵信業的王坤盛抓到，鈔票與名冊掉落滿地，《台灣時報》記者周為政率先趕到現場採訪拍照，地檢署值日檢察官李進清隨後到場，立即指示扣押與保全證據。

民進黨陳水扁當選總統，台灣首度中央政黨輪替，震驚海內外。賄選案原本只是小地方不起眼的小插曲，某報社的採訪主管甚至認為：「是栽贓！哪有人在大白天用這種粗糙手法賄選？」結果讓新聞一個字都沒有見報。

顯然，國民黨過去買票做法是「太靠勢」，也就是肆無忌憚。涉案者後來越牽越廣，包括副縣長張朝權、鎮長許瓊聰及里長、鎮民，共 215 人被起訴或判刑，也讓連戰這輩子蒙上「總統大選也要買票」的污名。張朝權則潛逃出境，被通緝長達 12 年 6 個月又 18 天，追訴時效截止後，才以自由之身回到台灣。

有人說：「賄選是選舉的必要之惡」，政黨與政客卻總在選前有各種「反賄選」宣示，明明只是當噱頭、口號，爭搶著充當是己黨與個人的專利。

台灣抓賄選懸賞獎項之多、獎額之高，舉世無雙，給獎的廣告在電視頻道聲聲催，依舊無法打動選民的心，致主動配合者了了無幾。不管檢、警、調的查賄績效好壞，也一定被選民揶揄，被政客攻擊，更被政黨指責抓賄標準不一。

　　本身涉有賄選官司的參選人，提出「當選過關、落選被
關」的哀兵訴求；有的推出家屬當替身參選，打出「政治迫
害、司法迫害」訴求，當選的機率頗高。賄選官司是民主之
恥，但是部分選民不但不唾棄，反而成為獲取同情、博得選
票的最佳利器。

　　選民厭惡黑金，在補選時又投票給黑金（或其家屬），
選民言行不一，問題出在哪裡？好不容易查獲的賄選官司，
過去總是不了了之，所謂「一審重判、二審減半、三審豬腳
麵線」，是否意謂此乃賄選官司常態模式，而無法加以改
善？

　　賄選手法像變形蟲，也像動植物於節氣變換的保護色，
方法會因地制宜，並隨著族群、性別、城鄉、時代、節令的
改變，做出諸多巧妙調整，以達最佳行賄效果，這些巧門也
常成為被查獲時的解套辯詞。

省思：選民、司法與賄選歪風

　　官方的反賄選措施，尾隨行賄技巧的翻新，於選舉期間
彈性調整查賄措施與步調，並於選後開會檢討，做為增修法
令的依據。此乃官方查賄之「道」總不敵黑金椿腳「魔」法
的靈活巧鑽之原因所在。

　　查賄老是慢半拍，老被外界質疑，各地檢署查賄步調與
起訴標準不一，各級法院判決也常南轅北轍。以上諸多怪
異，常遭外界質疑查賄不公，甚至偵審不力。

官方在反賄選使出「棒子與胡蘿蔔」雙管措施，「嚇阻賄選」與「引誘抓賄」效果不彰，問題出在政府的反賄選是說一套、做一套。政黨或參選人爲宣示其清廉與反賄選決心，也常提供高額懸賞獎金當宣示或噱頭，來博取媒體版面，盼獲得反黑金形象。

但當選民檢舉成功，前往申請獎金時，政府、政黨與政客都吃定檢舉者懼於曝光，害怕遭到報復，因此大多拒絕給獎。如有檢舉者被拒給獎金時，敢公開對簿公堂的結局又是如何？

檢警調與政客過往甚密，致查賄行動也會被通風報信；官方給獎方式暗藏玄機，扮演裁判角色的檢調，更出現過覬覦高額獎金的案例。

以 2005 年三合一（縣市長、縣市議員、鄉鎮市長）選舉爲例，查賄績效不錯，檢察署、法院依公職選罷法「速審速結」，有 37 個縣市議員被判決當選無效遭解職（同步由落選頭遞補），更有 21 個地方行政首長解職（1 個縣市長、20 個鄉鎮市長補選）。這項鐵腕行動，終於聯手改成「賄選：讓你落選又被關」、「僥倖當選：保證兩年內解職入監」。

然因賄選導致的補選，該區選民是否確實感受賄選是「民主之恥」，因而轉向支持清廉的候選人呢？政黨是否不計成敗，力行清廉、反黑金的黨綱黨章，勇於推出形象清新者迎戰黑金家族或地方勢力？

賄選議題已有不少人研究，但「反賄選」研究事涉敏感，較少論及。這些查賄績效（當選無效、遞補、補選）的亮麗

數據，期待讓黑金者怯於參選，讓愛好民主政治者敢積極抓賄，達到反黑金效果，共同遏阻賄選文化歪風。

第一章：
民主荒謬劇
——買票文化的歷史流變

恩庇侍從體制下的買票溫床

恩庇侍從關係 (Patron-Client Relationship)，此概念是由社會人類學者所發展出來的名詞，經過政治學者針對開發中國家的權利與政治運作，廣泛的加以運用與解釋。

戒嚴時期，中國國民黨在威權體制特定情境下，有意無意製造產生衝突的單位－「派系」，派系顯形於外的是領導者與跟隨者之間個人權威的聯結，基於條件的交換以建立彼此關係。賄選的行為模式，大都依循著恩庇侍從關係為之，以確保不被檢舉揭發的可靠性。

台灣實施地方自治以來，執政的國民黨早期以政治利益誘導地方派系的支持，並操作地方雙派系，以強化其外來政權的正當性，形成地方政治生態是恩庇侍從的最佳場域。

國立成功大學教授王金壽 2006 年發表〈台灣的司法獨立改革與國民黨侍從主義的崩潰〉指出：「一個較獨立的司法對國民黨的侍從主義，有三個政治效應：第一、國民黨無法使用司法來處罰反抗和叛逃的地方政治菁英。第二、越多地方政治菁英遭起訴和判刑，造成國民黨地方菁英的斷層。

第三、缺乏司法的保護，國民黨和地方政治菁英的買票機器將無法有效運作。

其運用司法利器有兩個意義：一是做為控制地方派系的工具，當地方派系或政治人物要反叛時，可給與必要的打擊與處罰。另一則是保護侍從主義菁英所引起的貪污腐敗。侍從主義的資源交換關係，是個人式的且相當隱密，因此易於導致貪污腐敗。

買票是國民黨和地方派系選舉機器相當重要的動員工具，如果不買票，選舉機器跟本無法有效運作，而司法是做為買票作業的保護網。缺乏司法體系的保護，買票機器將很難有效的運作……如果台灣的司法隨著民主化獲得某種程度的獨立，那麼國民黨的侍從體系將會因此削弱。」

王金壽表示：「新一代檢察官，不願意接受上級的非法命令和干涉，國民黨和法務部即失去部分檢察體系的恩庇侍從控制。第一個案例是選舉買票：在 1990 年台中地檢署呂太郎檢察官，接手他同事偵辦中的台中縣長賄選案，進行了有史以來第一次搜查國民黨縣黨部。呂太郎不理會來自外界的關心、阻擾，持續搜索積極偵辦，最後起訴數名國民黨黨工和政治人物。

第二個案例是選舉作票：作票其一即在 1989 年選舉，當時民進黨台南縣長候選人李宗藩和他的支持者，因為抗議選舉舞弊而將高速公路佔據數小時，還是不見檢調單位有嚴肅的調查行動。作票其二是在 1992 年立委選舉時，民進黨主席黃信介元帥東征參與花蓮區域立委選舉，各種作票傳言

四起，黃信介和他的支持者至選委會抗議，要求重新計票。

　　經一番折騰，黃信介與地檢署（洪政和與賴慶祥兩位檢察官）達成共識，只驗花蓮市，而不是全縣的選票。洪政和做了一個關鍵性的決定：整個驗票過程開放給媒體採訪。最後，查出開票數多於領票數，有人將空白選票蓋章後投入票箱……。這些新一代檢察官的作為，對於國民黨侍從主義體系造成了衝擊。」

　　「在新一代檢察官出現之前，樁腳和政治人物根本不怕買票被抓……曾經有檢察官直接跟國民黨縣黨部主委報告，有人檢舉賄選。檢調單位的不作為，變成選舉時，國民黨和地方政治人物買票機器的保護網。

　　對國民黨最大打擊是在 2000 年失去政權之後，也失去對檢察體系的控制。在 2001 年選舉時，民進黨政府大規模的宣傳反賄選，傳達兩個訊息：一、民進黨政府會認真抓賄選；二、賄選坐牢的通常是樁腳而不是候選人。這兩個訊息造成許多樁腳的恐慌，並且不願意再幫候選人買票。一些競選幹部甚至不敢舉行樁腳會議和用電話討論選情。」

　　王金壽文章指出：「台灣檢調人力有限，無法監視和調查所有候選人的競選活動。在該次選舉中，被檢察體系監視的候選人大部分是國民黨籍……被盯上的買票機器很難有效運作……。南部某一縣市，兩名事前相當看好的候選人，因為被檢調單位監視，而無法有效建立買票機器，因而落選。

　　檢察官限於人力物力，只能嚇阻和妨礙少數候選人成功的建立買票機器，而無法全面掃除買票……。南部縣市，所

有當選候選人,除了一位之外,不分黨籍都有買票。」

王金壽表示:「雖然改革派法官逐漸在法院體系扮演較重要的角色,但是改革派檢察官的命運似乎沒有因為政黨輪替受影響,受民進黨重用的檢察官還是過去國民黨所控制和重用的人……。

一個獨立的司法制度怎樣才能完成?理論是:有遠見的統治者自動放棄對司法的控制。統治者如果意想到在未來他可能失去政權,而為了不讓擊敗他的新統治者利用司法來打擊迫害他,那麼較保險的作法是,自己先放棄對司法的控制。

許多人原本預期台灣的 2000 年政黨輪替,將為台灣的司法改革帶入下一個階段。但是,如果政治人物或政黨,沒有遠見而心中只有當下所擁有的權力,或是追求長期執政,那麼一個失控的司法體制,對於任何統治政權將會是一個永遠潛在的威脅……。台灣的司法改革是台灣社會改革中最晚起步的,但它對國民黨侍從主義的衝擊絕對不是最小的。」

政治人物把「恩庇侍從」理論裡人際間的上下從屬、利害瓜葛、人際網絡、宗族血緣、歃血同窗、姻親裙帶等錯綜複雜的關係,調查研究掌握得確實又道地,他們或委婉或強銷、或強烈表示或讓您心知肚明,巧妙夾雜運用,讓行賄的心意盡在不言中。

但人性終究有七情六慾、有喜怒哀樂、有親疏遠近、有時空隔閡,上述的關係像氣溫一樣會有高低起伏,跟社會變遷與經濟利益會產生衝撞矛盾。

　　上下從屬偶有背叛、利害瓜葛總有長短、人際關係時有親疏、宗族血緣敵不過聚少離多與空間的隔閡、姻親裙帶比不過現實的生活壓力、義氣兄弟間有嫌隙存在，「恩庇侍從」在傳統的家族式威權與早期的農業經濟時代，關係甚為穩固，應用來行賄的安全度較高。

恩庇侍從崩解衝擊買票網絡

　　當經濟起飛、城鄉交流、人口移動、子女他鄉就讀就業落地生根、多元人脈複式重疊、法治教育普及，反賄選的觀念被部分人所接受，加上政黨間的惡鬥、派系間互扯後腿、政界貪瀆混亂倫常盡失，在政府高額獎金的誘惑、感性與理性的抉擇…。

　　誠如王金壽研究結論所說，當司改獨立漸起，恩庇侍從漸崩潰，讓原有的買票網絡產生質變，最後哪管你是誰？教訓貪狠恩庇不後悔，搶賺獎金誰都會，證據確鑿來自身邊地雷。

　　國立中山大學吳俊昌 1992 年碩士論文以「交換理論」觀點，對賄選做如下敘述：「賄選的本益分析，乃因候選人行賄不外乎為求權力、面子及回收；椿腳行賄受賄乃為還候選人人情、求候選人回報、爭取面子權力以及求取回收；選民受賄乃為了還椿腳人情、求取候選人或椿腳回報及求取回收。

　　賄選的運作，需要在椿腳自己信任的關係網絡，配合獎

懲機制運作才可奏效。買票回收率，視候選人被信任條件、支付成本；樁腳影響力、形象、關係網絡及價值觀；選民的關係網絡、價值觀、對政治冷熱度、選時發生的社會狀況，都會影響買票回收率。」

賄選當然是廣義商業買賣「交換理論」的一種，樁腳交付金錢或禮物，換取選民手中的選票，為一定之行使（去投票）或不行使（不投票或投廢票）。以金錢交換選票，在商業行為上是一種單純的交易；在政治上，卻有比商業交換理論更為複雜與微妙的關係存在。

王金壽 1994 年國立清華大學碩士論文〈國民黨候選人選舉機器的建立與運作〉，敘述前一年在某縣長選舉時，國民黨如何運用雙派系（海、山兩派），將鄉鎮級山頭的派系屬性分類、買票系統如何動員安排、各系統負責動員的買票成數與預估統計，有詳細的報告。

該論文更反諷指出：「賄選，對我們而言既熟悉又陌生。熟悉，是因每次選舉大規模的發生，地方要角因各種因素擔任樁腳，更多人因與樁腳有各種關係接受買票；陌生，是因為法官、檢察官及學術界對賄選所知不多。」

看不見的賄選黑數

邱英智 1996 年東海大學碩士論文〈台灣地區公職人員選舉賄選問題之研究〉，是對某鄉鎮實際賄選操作的觀察與分析。該文對賄選的前置作業，分成佈置期、準備期、行動

期，每個時期的日程與工作項目，賄選管道的佈建原則，都
有詳細的表列說明。

文中並對候選人選擇樁腳應考慮的因素，從縣市級、鄉
鎮級、村里級、樁腳級等可能出身的背景，各級可控制的票
數，也列表說明。對選樁、釘樁、拔樁的實戰技巧也有所闡
釋，並把鄉鎮級與村里級的所有樁腳，依其經歷與背景，表
列說明屏雀中選的原因，可說是了解鄉鎮級賄選的參考祕
笈。

法務部委託東海大學鄭昆山、王業立與鄭運財於 2000
年提出《我國賄選犯罪之成因分析與防治賄選犯罪對策之研
究》，就法律觀點與政治層面，分章列出「賄選犯罪之界
定」、「我國賄選現象之成因分析與比較法觀察」、「我國
防制賄選問卷調查及其成果分析」、「賄選犯罪類型與相關
選舉法制之比較法分析」、「我國防制賄選之成效評析」、
「研究發現及結論與展望」。

這本研究報告洋洋灑灑 340 頁，資料完整，內容豐富，
只可惜都是官方的看法，缺少市井小民的反賄選觀點。但內
文提到「犯罪黑數」對賄選成因有深入的探討，這觀點在三
合一選舉查賄案件中，廣為各地、各級法院審理時所採用，
對判決當選無效之訴的成立，有很大的貢獻。

林山田教授 1976 年《犯罪問題與刑事司法》書中指出，
「犯罪黑數可稱以犯罪未知數，乃指所有不在各種統計上出
現之犯罪數，亦即未為眾所皆知或未受刑事司法機關所追訴
與審判的犯罪，為一隱藏的犯罪。」

　　一般對所謂「犯罪黑數」的解釋，是指已經發生了犯罪，但由於各種原因未被計算到司法犯罪統計中，或未被司法機關追究刑事責任的犯罪數。也可以說，是因未自首或未被查獲的犯罪案件。其實每位賄選候選人的「黑數」有多大，除非候選人本身，外人很難定出確切的數字。

　　以前「當選無效」的判例，大都依司法院院解字第3921號解釋要旨，須其違反規定有使選舉發生相異結果之虞時始為無效。如少數投票所雖有舞弊違法情事，而對於該選舉如無發生相異結果之虞者，即不應宣告該選舉為無效。

　　假定少數違法之全部選票均加列為原落選人所得（或從當選人所得減列），如該落選人得票數之總數仍不及其他當選人得票之多，則仍屬不能當選。換言之，不考慮「犯罪黑數」的問題。但在2006年的選舉訴訟中，引用犯罪黑數理論的觀點，至少有九個案例被採用而判決當選無效。

第二章：
買票大觀園
——推陳出新的賄選手法

金錢，不再是買票唯一工具

  台灣的賄選文化，不是單純的市場商業交易，而是夾雜著複雜的中國國民黨恩庇侍從關係，也利用威權司法操作，以利於樁腳賣命依指令進行，並遵循各自的人脈網絡進行買票，才能順利達到交換選票、獲取勝選，得到掌控政權目的。

  針對賄選所利用的恩庇侍從，東海大學教授陳介玄就社會學的觀點，將其人脈網絡的形成模式分成三種：派系網絡、樁腳網絡、俗民網絡。地方派系所經營的形形色色、錯綜複雜關係，構成多元化的型式，做為各型樁腳買票系統之人際關係的路徑依循。

  研究台灣選舉的美國學者雪萊里格爾（Shelley Rigger），則把樁腳也歸類為三大類：政治性樁腳（例如村里長、鄰長）、社會性樁腳（社會或商業網絡）、組織性樁腳（農會、工會等），與陳介玄的歸類方式與名稱頗相似。這些人際關係網絡，是傳統賄選動員的基礎脈絡。

  王金壽教授研究指出：「樁腳並不是任意隨便向與他熟識的選民買票，而是向與樁腳有一定社會關係的人買票。而

且經過詳密的買票作業分配方式，與選民最有密切社會關係的樁腳，將被分配到向該名選民買票。一般選民很難拒絕這種夾雜社會關係動員的買票，社會關係不僅保障了賄選的不被檢舉，同時也使得買票與選舉動員的效果達到最大。」

什麼是「社會關係」？動員的脈絡又是如何？他認為賄選幹部不怕被抓的理由，一是政府不會抓，二是所有候選人幾乎都有買票。但以上理由，不足以解釋選民不會檢舉買票。

王金壽表示：「一般選民之所以不會檢舉，或願意接受樁腳的買票，是因為向他們買票的樁腳和選民有某種程度的社會關係（親戚、朋友、鄰居）。檢舉買票，代表檢舉者與樁腳之間的社會關係的絕裂，每當一個樁腳只負責近親或是社會關係密切者，就同時替買票建立了穩固的防護網。」

台灣民眾對賄選多所詬病，國內學者對此也有頗多撰述與研究，歐美是民主政治起源地，其實於實施民選初始，也走過賄選的難堪過程。

早年於國立政治大學任教的項昌權教授，就過去辦理選務有如此描述：「在一個沒有民治習慣的社會……在初學民主的國家，選舉發生情弊在所難免的。早期的選舉賄賂，大都一包味精、一包香菸、一塊肥皂，或者 10 元、20 元，至多 50 元。

因訟案被傳至法院應訊，已經倒楣得不償失，如果承認還要判刑更是受害，所以受賄人大都否認，免得受害。在第四屆省議員與第六屆縣市長選舉監察檢討會議，主張增訂檢

舉賄選給獎辦法列入檢討結論。」

　　東海大學邱英智碩士論文指出：「台灣選風的敗壞，自何年何屆選舉開始？並無定論。1946 年台灣省參議會選舉，幾無賄選情事，為多數訪談對象所肯定，但是自 1950 年第一屆民選縣市長選舉開始，送味精的賄選行為已漸漸產生，至第五、第六屆縣市長選舉，金錢的污染遍及全台。」

　　中山大學吳俊昌 1992 年碩士論文有一番見解：「買票模式分為兩種，一種是傳統式，另一種則名為方塊作戰。傳統式的買票作業由候選人的樁腳們，抄下可掌握的選民名單，交由總部核對姓名、地址、投票資格、是否重複等，再將錢交由樁腳下去發放。其優點在於不會浪費過多人力與時間，缺點則是難以掌握游離票。

　　方塊作戰模式則將選區分成若干區域，以人際關係（通常是地緣）為基礎，進行買票作業。優點在容易掌握選民動態，而缺點則是需要付出大量人力與時間。這兩種方式是台灣買票動員中最為常見的模式，事實上候選人往往並採此兩種方式。」

　　政治大學陳陽德 1988 年博士論文，曾把上述選風敗壞歸因於「一個單純社會開始邁入劇烈變化的時代」。不過，成功大學教授李伯岳指出：「然則在賄選盛行的情況下，政府執法單位缺乏能力加以取締或究辦，而多數民眾亦不視收受賄選金錢或財物等，為嚴重之違法或悖德事件，如此對於民主政治的確立，自然有極大妨害。」

　　政治學者吳重禮、嚴淑芬也就文化、制度、政黨、候選

人層面做出分析，認為不管賄選的成效如何，由於有諸多賄選動機交雜存在，使得從事賄選者大有人在，且賄選動機甚少是單一面向，並都希望透過賄選，達到利於勝選的多項目標。

在此一時期的賄選，漸漸走向以現金買票方式進行。檢調司法單位對賄選不作為時，選前要求地方樁腳「期約」選票，或於選後依得票比率「後謝」。如果採用現金進行操作的話，最為簡單順暢；當司法獨立改革與國民黨侍從主義崩潰後，現金買票卻是人贓俱獲的最佳證據。

各政黨因為查賄政策，隨即依黨性與地域風俗民情等，迅速改變行賄手法。在中央與地方政黨輪替之後，從以往的現鈔買票，改以遊走法律邊緣，各自衍生出對己黨最有利的動員群眾與賄選模式。

最典型的就是「假造勢真出遊」、「假募款真餐賄」，參加造勢也順便出遊，真正購券者少，「吃免驚」者多。真假夾雜、有無各俱，黨工與樁腳各顯神通，以利於日後檢調查獲時，都有人證、物證可當遁詞。

針對歐美國家早期賄選情形，政治大學江肇國 2004 年碩士論文則指出：「買票行為可追溯到民主政治起源的英格蘭，當時具投票權的貴族階級，以招待選民飲酒與食物為主。當政黨與合法選民數量大增後，送禮與金錢等行為更形普遍，暴力威脅、軟禁選民等行為也時有發生。

選舉時，許許多多站壁的選民徘徊逗留，目的就是為了等候尋找最高價的買者，以便出賣選票，民眾咸認出售選票

也是自己的權利之一。

　　美國俄亥俄州亞當斯鎮由於選民彼此熟識，是提供椿腳買票很好的社會情境，候選人要求在選票上做記號，以確認銀貨兩訖，候選人也會請投票所官員查看選民是否投下相符的一票（亮票）。

　　監票員還會觀察選民投票時肩膀的動作，以判斷選民所投的是哪位候選人？而選民也普遍認為，買票錢是前往投票所花費時間的合理補償。甚至有政黨付錢，勸使對手的支持者在家不去投票。」

　　從以上研究與描述，西方民主的初期，賄選、暴力與選舉也是如影隨形。台灣民主制度逐步建立，人民投票權的行使也只歷經數十年經驗學習，傳統以金錢、賄禮等賄選模式，在社會變遷中也有諸多變化與調整。

綠營，獨特的收買模式

　　隨著司法獨立改革，以及國民黨恩庇侍從主義的崩潰，加上工商發達、人際社交往來頻繁，政黨、政治人物、候選人為因應司法查察賄選法令，以各種技倆加以規避，賄選模式也隨時代、地域、族群不同而隨機調整。

　　買票技巧猶如變形蟲的例子，隨處可見，1980 年代後期，民間流行「大家樂」、「六合彩」賭博，有意行賄的候選人與椿腳，於選前即依附於時興玩意，以利其競選買票。

　　政治大學王亦彬碩士論文提到：「在 1992 年立委選舉，

出現了一種彩券式的買票方式，又稱為選舉六合彩。彩券式買票的運作有兩種模式：第一是由候選人的椿腳開盤與選民對賭，賭勝者可得到一定倍數的獎金；第二種則請選民先繳交若干費用購買餐券、競選衣帽等當作憑據，如候選人順利當選，則可憑餐券衣帽換回不等的現金。

這樣的買票方式，一來可利用選民想贏錢的心態，激勵選民積極拉票；二來就算面對檢調查察，候選人犯的不過是賭博罪，不會被判決當選無效，也不會影響當選資格；且就算不幸落選，候選人也還有一筆不小的賭金收入。」

台灣刑法第 1 條開宗明義：「行為之處罰，以行為時之法律有明文規定者為限。」亦即採罪刑法定主義，法無明文規定的就不罰，讓有意行賄的候選人、椿腳，設計出形形色色的花招。

即使遭到查獲，由於依法無據，就算遭起訴，最後在律師舌燦蓮花的巧辯迴護下，終究難以定罪，故「年年出新招、屆屆耍花樣」，勇於跟查賄行動近身纏鬥。

每當新的行賄手法出現，查賄機關只能在事後亡羊補牢，在媒體與民意的嚴厲批判聲中，或者在選後的檢討會上，提案修改查察賄選法令章則與要點。

如需修法者，由法務部轉送行政院，再轉送到立法院；即使排入議程，在政黨與特定黑金立委層層「把關」下，所增修法條不是尚有漏洞，就是互有矛盾。行政機關為迴避上述困境，只能在頒訂行政查賄要點中，擬具較嚴密的規章，以便對付政治人物與椿腳機伶的買票手法。

　　賄選手法可說是林林總總，不一而足。歷次選舉之前，法務部都會召開選前反賄選及查賄工作座談，並就新的賄選模式擬定新的反賄選策略。

　　比如2005年的三合一選舉，賄選花招百出，根據法務部「第十二任總統副總統及第七屆立委選舉反賄選及查賄工作綱領」，其中即擬出「本部就目前蒐集之情報資訊，尚發現下列賄選手法，請各檢警調機關應特別注意防範：(1) 藉無摺存款之方式存入現金買票。(2) 分段接力買票之方式。(3) 車上交付現金賄選之方式。(4) 以拉抬股價等方式賄選。」

　　黨外時代與民主進步黨初創時期，只要選舉提到賄選，常跟國民黨陣營聯想在一起。早期地方士紳大都靠向國民黨，國民黨也都眼尖的儘找些闊爺出來參選，一來有錢好輔選，二來士紳平時人脈廣闊，可用來動員買票的網脈多。部分選民則視選舉賄款為「爺兒散財、政府退稅」。

　　反正，司法查賄政策冷漠低調，碰到對手大張旗鼓的反賄選挑戰，金牛候選人態度曖昧、閃躲迴避；如果下游賄選被抓，樁腳自行擔待，競選總部迅速切割斷尾。若不幸幹部或總部被人贓俱獲，立刻承認係報恩自掏腰包，候選人以忙於競選、對賄選情況一無所知而撇清。

　　草根起家的民進黨早期加入者巨富商賈不多，少數財力不錯的參政者，礙於黨的人脈、社團、組織動員網絡有限，還是只能停留在「揭發弊端、文宣造勢」、「搖旗吶喊、野台造勢」方式，聚攏人氣與拉抬選情。

　　即使有錢，也發不太出去，或不太敢發出去，更礙於既

然痛責對方買票，自己有錢也不好意思買票，或只能「點」狀發放，所以只能一路高喊「抓鬼」、「反賄選」口號。

民進黨候選人選前常找對手簽反賄選公約，或到神壇斬雞頭、到城隍廟詛咒，或在鄉下貼「買票死了了、賣票死翹翹」靈符等，利用宗教習俗嚇阻善良選民，也利用反賄選噱頭搏得媒體版面，真是省錢省力。

從經濟上來講，利用各方盲從、無帳捐輸、游（油）刃有餘，以此方式打起選戰可說輕鬆愉快。因為執綠旗參選有這種優勢（有人說成好處），執政期間，私下的「政治獻金」更是數倍成長。故從中央到地方，不管派系、山頭、椿腳幹部，護己地盤者多，擴大社會層面少，從後來的初選「排藍條款」可見。

保護派系或自己拿到綠營代表權，自忖靠著「搖綠旗、穿綠衣」，就可輕鬆享受政治利益。只要代表綠軍選贏了，江山利益盡歸派系幹部或私人；選輸了，還是掌控綠軍在該選區發言與代表權，等待下次選戰機會。

長期的流派鬥爭，加上排擠新血注入，人才匱乏的窘境，從阿扁當選總統八年期間，很多縣市依舊推不出鄉鎮市長候選人，以及 28 場補選全軍覆沒可以證明。黨的人才缺乏與戰力疲態，顯露無遺，卻少見反省與改革計畫。

地方山頭仍然大言不慚，高嗆 30 年前的「不支持綠營就是不愛台灣」口號，自欺欺人。霸佔地盤、鬥垮同志，讓掌握中央執政資源的民進黨，選戰模式慢慢走向迂腐短視路線。

　　有怎樣的執政黨就有怎樣的反對黨，日益茁壯的民進黨在羽翼漸豐，以及從地方到中央得到政權之後，手握龐大行政資源，不但有樣學樣，也針對支持者的特性，發展出政黨獨特屬性的賄選模式。

升級，造勢、募款一兼二顧

　　經過多年，兩黨選戰模式互相揣摩、交流與學習，造勢或賄選的樣態也漸為相似接近。比較常見的賄選模式有三：造勢活動、募款餐會以及兩者兼而有之的活動。

　　以假造勢真出遊（參加造勢也順便出遊）、假募款真餐賄（持券僅係避人耳目），真假夾雜、有無各俱，黨工與樁腳拿到動員費，各顯神通，以達成上級配額指令。至於檢調查察賄選時，因為都真的去造勢，少部分人真的有購券，只要查辦不積極，則不難辯解脫罪。

　　沒錢沒勢參加選舉，總不能照著選罷法的硬規矩：「不能到處插旗、不能逾時吵到鄰居」，如果這樣無聲無息行禮如儀，走完選務工作程序，只有等著落選回家吃自己。

　　選舉造勢是民進黨拿手好戲，從在野到執政，始終如一。但執政後，吸引選民的論述少有新鮮議題，「台灣獨立建國」在台上台下已喊到有氣無力，口號治國的政治市場漸漸走向谷底。但偏偏大場的造勢活動，就是要比人氣，若太少人出席，不但台上演講的大老闆會生氣，透過電視畫面的直播，更會自露未戰先敗痕跡。

　　為了動員選民出席，山頭樁腳各顯招術拉人氣，但遊覽車、便當、保險、茶水等，統統需要新台幣。既然沒新鮮議題，也沒警民街頭衝撞的預期把戲，只好改招鄉親一日遊，早上逛景點聯誼，晚上造勢吶喊舉旗，一兼二顧。

　　即使上車的人人都繳錢，但如果「提供免費或自付額與成本顯不相當之國內外觀光遊覽活動」、「提供免費或自付額與成本顯不相當之餐飲」、「提供往返居所地與投票地之交通工具」，則有違反 2001 年最高法院檢察署陳報法務部備查的「賄選犯行例舉」。

　　民進黨首度中央執政期間，因為造勢活動被查辦的典型案例如下：

一、阿文之友會：

　　不少綠營人士盤算，中央執政權應該會由民進黨長期掌控，如何把國民黨的地方勢力連根拔除，並全盤接收藍營長期在基層的佈建，複製「陳明文模式」成為民進黨經營基層顯學，也是擊潰藍營選戰的典範。

　　陳明文是嘉義縣林派掌門人，27 歲就擔任縣議會議長，後來連任三屆台灣省議員，又高票當選立法委員。但縣長寶座始終是黃派的天下，比較弱勢的林派毫無機會問鼎。

　　陳明文從藍營倒戈投靠，帶來國民黨綿密組織動員的經驗，用其數十年建立的人脈動員網絡，外加民進黨鐵票及所擅長文宣與造勢活動，打起選戰，省錢、省工又有實效。

　　2001 年陳明文首度參選縣長時，由「阿文之友會」招

待選民免費旅遊，被控賄選，案經嘉義地檢署起訴，嘉義地方法院判有罪，台南高等分院判無罪，最高法院發回更審。

台南高分院更一審判無罪，最高法院再度發回更審，台南高分院更二審判無罪。最高法院又發回更審，台南高分院更三審改判徒刑九個月、褫奪公權二年、緩刑三年，歷經八年訴訟，2009 年終審無罪定讞。

二、全國勞工挺扁後援會：

陳水扁競選總部 2004 年在桃園縣體育館舉辦「全國勞工挺扁後援總會成立大會」，台電台中火力發電廠（台電工會第 9 分會）以舉辦會員、眷屬出遊活動，先到苗栗縣西濱海洋生態園區遊玩及用餐。

包括門票、午餐和保險費（合計約 500 元）全免，經費由民進黨透過管道買單。參加活動的人也證實中午席開 60 多桌，並有穿民進黨背心者穿梭其間。動員文宣內容印在 A4 紙上，左下方有第 9 分會的圓戳記，右邊印有公告期限：

「2 月 21 日（星期六）舉辦通霄海洋生態博物館、桃園巨蛋體育場一日遊，行程如下：快樂出帆→通霄海洋生態博物館→桃園巨蛋體育場→快樂返程。預定開車路線：

第 1 線：電廠大門口→梧棲→大甲→通霄。第 2 線：烏日→大肚→龍井→沙鹿→清水→大甲→通霄。第 3 線：台中火車站→台中港路沿線→高速公路→通霄。第 4 線：台中火車站→大雅路沿線→高速公路→通霄。第 5 線：其他。以上行程（含保險）完全免費，並提供當天每人午、晚餐，歡迎

攜伴、攜眷參加，詳細情形請洽詢工會。」

　　本案被告是台電工會理事長施朝賢（之後被推薦當選民進黨任務型國大代表），歷經五次再議，終以不起訴結案。台中地檢署連續四次不起訴的檢察官為曲鴻煜、鄒千芝、郭景銘、藍獻榮，台中高分檢 2006 年由主任檢察官林朝榮結案。

三、宜蘭縣長選舉：

　　陳定南 2005 年 10 月 29 日在羅東鎮成立競選總部，客家後援會長李元武與副執行長邱智賢、南澳分會長范振東，動員 60 多人參加造勢，結束後，帶大家到餐廳吃飯，由李元武買單，花費 2 萬 1000 元。

　　11 月 27 日民進黨宜蘭市長候選人陳歐珀在宜蘭市河濱公園舉辦餐會（陳定南未出席），每張餐券 200 元，李元武買 70 張交范振東，再轉給邱智賢分送南澳地區選民。這群人搭車要進入會場時，被檢警查獲並查扣餐券。

　　2006 年檢察官偵查終結，李元武被求處二年、褫奪公權五年，邱智賢及范振東也分別求處一年六個月、褫權三年。其餘支持者也都起訴。

　　宜蘭地院審理時，檢察官與李元武等 40 名被告達成認罪協商，李元武判一年、褫權一年、緩刑三年；范振東與邱智賢判十個月、褫權一年、緩刑二年；其餘被告從判四個月到二個月，可易科罰金，均褫權一年、緩刑二年。由於是認罪協商，不得上訴。

　　陳定南是政治人物中最鐵面無私的人，之前擔任兩屆宜蘭縣長、法務部長，都堅持法律人本色，喜歡或討厭他的人都不懷疑他的守法。但是號稱「抓鬼青天」，回鍋再度參選縣長時，竟有活動被檢舉賄選，只能無奈竭力辯護，去世後才獲澄清。

四、羅文嘉走路工事件：

　　2005 年台北縣長選戰期間，蘆洲市「環堤觀景社區」管委會主委洪志雄，因擬參加隔年里長選舉，自掏腰包發給參加羅文嘉活動的二十輛包租公車上每人 300 元。

　　走路工疑雲爆發後，羅文嘉以「永遠退出政壇」保證自己清白，民進黨主席蘇貞昌與該黨台北縣 11 位立委，也以如果羅文嘉賄選，他們就退出政壇或辭職（以政治生命替羅擔保）。

　　立委李文忠更召開記者會，表示發走路工的事，既經查清楚是洪志雄的個人行為，與羅文嘉無關，因此就沒有退出政壇或辭職的問題。

　　台北縣政府環保局臨時雇員高女，為求羅文嘉順利當選，則在當年 11 月 5 日起，連續三個周六晚間，委由黃女邀集房客、鄰居、友人，到羅文嘉競選總部參加造勢活動，並交給每位參與者 200 元走路工。

　　隔年 5 月，高女經檢察官達成協商認罪，板橋地院判六個月並得易科罰金、緩刑二年；共同發送 200 元走路工的黃女，依選罷法判三月得易科罰金、褫權一年。

　　羅文嘉連續在「縣市平等、河岸牽手」活動、競選總部造勢會，爆出數宗走路工案，但全由發送者一肩擔起，在起訴、判決書中，都未見有更高層級的幕後人士涉案。

　　檢舉此案的藍營立委於定讞後，由板橋地檢署核發孫大千等四人共 40 萬元獎金，其中李永萍決定將所分 10 萬元，轉贈給側錄影帶的「大南客運」陳姓司機。

五、高雄市長候選人走路工賄選：

　　2006 年 12 月 8 日晚上，高雄市民古錚酩、蔡能祥自行出資 4 萬 6000 元，在黃俊英（國民黨）選前之夜造勢晚會後，於返程兩輛遊覽車上，發放參加晚會民眾每人 500 元，有收受民眾指證屬實。

　　一審法官認為，該活動自傍晚 5 點時搭車至晚間 10 點左右返家，內容包含搖旗、搖加油喇叭、高喊當選等，全程參與尚非輕鬆。而選前造勢晚會，本質上是以候選人當選為目的而舉辦，內容在支持推薦候選人，對選舉人為拉票等選舉活動，其招攬民眾及其親友捧場，增加熱鬧氣氛，目的在聚集人潮、宣傳造勢，而非在換取選票。

　　法官並且表示，500 元走路工錢，從目前社會經濟價值觀念，以及本件造勢活動情節、活動後隨即發放、全車民眾只要有參加，不論有無選舉權，都可獲得等情觀之，衡諸經驗法則及社會常情，「應非意在買票對價的不正利益，而屬參加該活動者的工資，非屬買票性質」，因此判決無罪。

　　但二審合議庭認為，古錚酩為了支持黃俊英競選高雄市

長，擅作主張，對參加造勢晚會的民眾交付現金，嚴重敗壞選風，判刑三年半、褫權三年；另蔡能祥基於好意，同意代爲發放賄款，他也收受賄賂 500 元，因此被判八個月、褫權二年（減爲四月、得易科、褫一年）。

最高法院發回更審後，高雄高分院更一審改判古鋅酩三年半、褫權三年；蔡能祥一年半、褫二年（減爲九月、褫一年）。雙雙上訴結果，遭最高法院駁回，最後是以有罪定讞（都未易科、未緩刑，都需入監）。蔡能祥於發監前夕上吊自殺，本案並未查出幕後出資者，藍綠雙方陣營都不滿意。

餐會，誰是幕後金主？

募款餐會，顧名思義就是「舉辦餐會，募得款項來幫候選人選舉」之意，並常帶有造勢的味道。參加者當然要購券入場，主辦者當然會有盈餘，如僅以造勢爲目的之餐會，至少應收支要平衡。

如果結帳時，入不敷出，或根本是只有支出，沒有賣券收入，或者是出席者的入場餐券來路不明（或由主辦單位或朋友免費贈送），則有違反「賄選犯行例舉」第四點：「提供免費或自付額與成本顯不相當之餐飲」的規定。

至於利用簡單的米粉炒、貢丸湯，以每份超過 30 元即違反查賄標準送辦，雖失之過嚴，但因法有明文規定，「米粉炒」列入賄選算是特殊案例。

一、林秀絨挺扁餐會虧 650 萬元：

2000 年總統選舉，大甲鎮龍泉里里長林秀絨 2 月 22 日為阿扁造勢，在台中縣幼獅工業區舉辦大型餐會，有一萬多人參加，共花費 650 萬元。她表示餐會結束後，阿扁當面向她承諾，如果當選就要還錢，但四年來毫無下文。

2004 年陳水扁總統競選連任，3 月 8 日到桃園市「住都飯店」出席工商界挺扁大會時，林秀絨企圖從該飯店 12 樓陽台跳樓自殺，藉以表達不滿，引起騷動。

如無其他開銷，在地方辦一場餐會收支虧損如此鉅款，可見「吃免驚」的成分，以及出席者確實為數不少，明顯「提供免費或自付額與成本顯不相當之餐飲」。

檢調單位見報，不但未主動偵辦，經民眾檢舉之後，台中地檢署簽結函內容載記：「林秀絨係主動為陳水扁舉辦募款餐會並墊付費用，既係林秀絨主動為之，且為陳水扁競選而向他人募款，則陳水扁並無何賄選等違反選舉罷免法之情事，故本件查無犯罪具體事證」，予以簽准結案（檢察長陳守煌、檢察官林柏宏決行）。

檢舉者是指林秀絨賄選，地檢署卻顧左右而言他，函覆答稱陳水扁並無違反選罷法。受理賄選案件隨便敷衍（根本不算偵辦），如此花再多的錢、辦再大型的反賄選宣導活動，效果還是有限。

該案歷經台中高分檢三次發回再議，途中也發生檢方欲匆促簽結，忙中出現四大錯誤（未傳喚被告即簽結、未傳喚關係人對質、可再議案件卻裁決不得再議而偏袒被告、故意

將告發人曝光），遭糾正後續行偵辦。因無政治人物持續關心，終以不起訴結案。

二、王天競募款餐賄：

王天競曾代表國民黨當選第一屆第六次增額立委，以及第二、三、四屆立委，在第四屆立委任內加入親民黨，但2001年第五屆立委選舉未獲親民黨提名，退黨自行參選。

結果王天競涉嫌在高雄市辦1200桌宴席，讓無論有無餐券的選民都可參加，最高法院駁回王某上訴，維持高等法院高雄分院更四審判決王天競十個月徒刑，褫權二年確定。

最高法院判決結果，使得王天競必須入獄服刑，法院認為他曾任四屆立委，從政多年，卻假借募款餐會賄選，已嚴重影響選舉公正性。

以往法院宣判王天競有罪，王某都對外喊冤，甚至強調屬募款餐會須對號入座，並非免費，且餐會非其所辦理。不過，法院依據同案被告供述，仍判王某有罪確定。

三、王戴春滿造勢餐賄：

2001年10月13日，台中縣立委候選人王戴春滿（台灣團結聯盟），舉辦餐會580桌，台中地檢署檢察官徐錫祥得到情報，指該場名為「募款餐會」，實際卻是免費讓民眾入場，涉嫌賄選。

王戴春滿位於梧棲鎮的競選總部，遭調閱、查扣相關資料，檢察官傳訊太平市後援會會長涂德安等四人後，聲請羈

押獲准，散發餐券的樁腳黃奇權 5 萬元交保，另有後援會女會計飭回。

該案起訴求刑一至四年，一路到更二審，都維持有罪判決，於更三審逆轉改判無罪。

四、蔡慶源感恩餐會：

高雄市第六屆議員蔡慶源（國民黨），因涉及當屆議長賄選案，遭解職並褫奪公權，推長子蔡武男參加補選。2004年 5 月 28 日晚在高市勞工公園，以「蔡慶源感恩晚會」名義席開 480 桌，免費招待前鎮、小港區的選民近 5000 人。

蔡武男身穿印有自己名字的上衣，由蔡慶源帶領全家一起站在宴會舞台，向前來吃飯的選民說：「今天不能講選舉，但大家都很清楚的。」

宴席中，蔡慶源也帶家人逐桌敬酒拉票，並公開說：「我特地向廚師講，平常人都做十二道菜，我為了感恩，叫他們多做兩道，一道雞翅、一道八寶丸，是要讓大家包回去的，不必客氣……，若有吃飽的，拜託再支持我蔡家的人。」

蔡武男雖然當選了議員，但父子都因賄選被最高法院判刑確定，終身都不能再參選。

五、炒米粉也以賄選移送：

候選人成立競選辦事處或舉辦小型座談，現場一般會準備簡易飲食，供出席者使用。依台灣的飲食習慣，以炒米粉、貢丸湯、滷肉、包子、饅頭等最多見，如果太過豐盛，每份

超過新台幣 30 元，則違反法務部陳定南部長的查賄標準。
2005 年有幾個被起訴或判刑的案例：

(1) 台中縣豐原市翁社里長詹德雄，招待近百名選民吃炒米粉，爲市長候選人方昇茂（民進黨）拉票，經檢察官偵查終結，以行賄對價關係明確提起公訴，一審判徒刑五月、可易科、褫權二年、緩刑三年。

(2) 苗栗縣長候選人邱炳坤（民進黨）南庄鄉員林後援會成立時，提供 30 桌的炒米粉、滷豬肉、福菜肉片湯等菜餚，加上茶酒及歌舞表演招待選民，後援會幹部呼籲支持邱炳坤，邱本人也到場拜票。

經檢舉被查賄小組查獲，後援會幹部陳德賢、張丁興、黃昱雙、邱炳珍與徐建宏五人，依違反選罷法起訴。

(3) 桃園縣蘆竹鄉長趙秋蒝（國民黨），10 月 23 日與營盤村長楊國棟一起去找宏竹村長黃政雄，楊先進屋，請黃幫忙趙插旗子、炒米粉等事，交給黃 5 萬元。

黃當場拒絕，楊就把錢置在場衣物下方，黃正要退還時，剛好趙秋蒝進到屋裡，雙方停止動作。直到 10 月 29 日趙秋蒝競選總部成立，黃政雄去總部把錢當成捐款捐出，檢方認有賄選之嫌起訴。

桃園地院審理時，認爲楊是趙秋蒝兒子的乾爹，幫忙趙沒有疑問，而黃是趙秋蒝競選對手的副總幹事，不方便助選。黃把楊交付的 5 萬元，以政治獻金方式捐給趙秋蒝總部，證明依黃主觀認知，楊國棟交給他的錢，是供他助選經費使用，而非買票的對價。

　(4) 台中縣議員劉淑蘭（民進黨）於競選連任時，夫婿劉瑞龍向田中村長黃火炎商議預訂一百份炒米粉、炒麵、豬肉、鴨肉、湯、青菜等，11 月 23 日下午在「振興鐵工廠」席開五桌，以流水席方式宴請選民。

　當晚劉淑蘭等人抵達現場，以擴音器對選民表示她抽到 11 號，請大家投票支持，現場並高喊：「當選！當選！」一審劉淑蘭被判八個月、劉瑞龍七個月、黃火炎判六月。二審被告三人都改判無罪。

第三章：
查賄總動員
——檢警調的為與不為

關於選舉那本帳

陳定南 1994 年競選台灣省長，經費超過公職選罷法原法條第 45 條之 1（競選經費最高限額）的規定，他堅持如實申報。

既然「老實超額」申報，受理單位也依同法第 95 條之 1：「競選經費之支出超出選舉委員會依第 45 條之 1 第 1 項規定公告之最高限額者，處新台幣 10 萬元以上、50 萬元以下之罰鍰。」依法開罰 40 萬元罰單。

陳定南提訴願，歷經多年的行政救濟，中央選舉委員會第 339 次會議決議免予處罰，會議紀錄摘記：「…政治獻金法第 30 條明定不再適用，原處分所據之公職人員選舉罷免法第 95 條之 1 規定，即相當於該條文已喪失法律效力。」

《中央社》2004 年 11 月 14 日晚上（9 點 54 分 16 秒）發布新聞：「總統府國家安全會議秘書長邱義仁一位在企業界的朋友，今天晚上託邱義仁將新台幣 168 萬元，捐給民進黨提名台北縣第三選區立委參選人沈發惠打選戰，理由是沈發惠是民進黨在北縣艱困選區能否獲勝的關鍵。」

　　邱義仁代轉友人捐助，疑有違反 2004 年 3 月 31 日新訂
「政治獻金法」第 16 條：「個人捐贈不得超過新台幣 10 萬
元；如以企業名義捐贈，也不可超過 100 萬元。」當天晚上
11 點 41 分，有民眾逕向媒體舉發此行徑違法，並呼籲台北
縣選舉委員會與監察院公職人員財產申報處主動查察。

　　檢舉後不到兩個小時（翌日凌晨 1 點 26 分 24 秒），《中
央社》又發布另則新聞：「國安會秘書長邱義仁的一位朋
友，指名捐款給民進黨台北縣第三選區立委參選人沈發惠，
並在昨天委託邱義仁轉達。為討吉利，競選總部人員稱捐款
是 168，讓人誤以為是新台幣 168 萬元，沈發惠後來澄清，
沒有那麼多。」

　　以上兩個案例，突顯公職選罷法在「競選經費限制」上
規範不切實際，也顯現政黨、政治人物與財團均無視「政治
獻金法」的存在，更突顯「選舉兩本帳、內外不一樣」的現
況。

　　第七屆立委台中縣第二選區自行參選的李順涼（追分國
小校長），只因不諳該法，在未經受理申報機關許可前，即
收到數位熱心的教育界朋友捐款，合計僅 1 萬 7100 元就被
起訴，捐款沒收，迅速判刑定讞。

　　2008 年國民黨與民進黨及其捐獻者違反政治獻金法數
千筆（人次），金額逾億，監察院查辦進度緩慢，兩大黨在
立法院竟想再修法放自己一馬。

　　陳定南競選省長違反經費申報規定，鐵證如山，在政黨
保護下，歷經十年總算等到民進黨中央執政，以行政單位會

議紀錄幫他解套。邱義仁的朋友捐款經《中央社》發布的違法行為，當晚立即遭檢舉，連查都沒查，就以不了了之結束。

李順涼不識相的攪亂顏清標（無黨聯盟）、劉瑞龍（民進黨）的選局，僅因五名窮教員太早共同捐款助選，經人檢舉後，司法機關聯手閃電偵審，快速結案。

法律用來查辦小老百姓乾淨俐落，查辦政黨或高幹則推拖拉或修法放水，上述三個違反政治獻金案例，可看出「大細漢」差很多，法律之前哪來平等？

政府為防止賄選、端正選風，於修正法條時增列第89條「政黨初選賄選之罰則」，針對黨內初選同志之間搓湯圓、投票時行賄受賄、黨內職業樁腳賄選犯行，均納入規範，初選違法的刑度與罰則比照大選。

查獲初選賄選而判刑的案件甚少，民進黨2008年5月黨內總統初選時，高雄地檢署在三民區查獲黨員劉耀仁，幫蘇貞昌以每票500元賄選，經收押、起訴、一審判決有罪（三年二個月、褫權三年）。

行政院核定的「淨化選舉風氣實施方案」，列舉各部會間的行動綱領，具宣示意味，兼具對選民的政令宣導與威嚇，對查賄的實際作為助力有限。能給查賄第一線人員有所依循與幫助的，要算最高檢察署頒訂的「賄選犯行例舉」。

「賄選犯行例舉」是2001年9月25日函報法務部備查的行政措施，以因應日益多元的行賄手法。項目採正面表列，並針對候選人分送的競選文宣品，或以附著於文宣之單一附著品，例如原子筆、鑰匙圈、打火機、小型面紙包、家

用農民曆、便帽等，其價值如果超過 30 元，即有可能被以賄選論處。

但認定其所贈送之物品是否被認定為賄選，尚有但書。於偵查與法院審理時，還要依當時社會大眾的觀念，視其贈品是否足以動搖或影響有投票權人之投票意向？如果只是候選人主觀上做為加深選民對其印象之用，還很難認為涉有賄選罪嫌。

具體個案是否構成賄選，大都取決於承辦檢察官對該法的認定，故執法人員的個人價值判斷、生活經驗與民主背景，也或多或少會影響是否發動偵辦、是否起訴、起訴後是否有罪、或判決輕重的關鍵因素。

例如 2006 年高雄市長選舉發生走路工事件，被告古鋅酩、蔡能祥發放的 500 元，被地方法院法官何秀燕、顏銀秋、吳金芳認定是工資，刑事判決無罪。但在高等法院高雄分院二審時，法官曾永宗、任森銓、王伯文將古某改判三年六月、褫奪公權三年，蔡某改判八個月、褫奪公權二年。

但是，當選無效的民事官司，一審成立（當選無效）、二審改判駁回（當選有效）。賄選案件刑事官司是否起訴？或起訴後，先判有罪、改判無罪定讞；或先判無罪、改判有罪定讞；民事官司，一審成立（當選無效）、二審改判（當選有效定讞），或一審駁回（當選有效）、二審改判（當選無效定讞）。

不變的人事時地物，在民事當選無效或當選有效、刑事判有罪或判無罪，翻來覆去、交叉改判，把選民搞糊塗了，

當然引來政治介入的揣測與司法政風的非議。高雄市長選後的官司，民、刑事互為翻盤，藍綠民眾傻眼，司法公信讓人存疑。

關於賄選那些事

　　原本在 2006 年初才要改選的縣（市）議員與鄉（鎮、市）長選舉，提前在 2005 年底與縣（市）長合併舉行。中央選舉委員會主張合併於 2005 年 12 月 3 日舉行，考量的理由：(1) 多數縣選舉委員會贊成。(2) 民眾無法接受同一層級的選舉卻在不同時日舉辦。(3) 避免浪費社會成本。(4) 合併選舉可節省財力與人力。(5) 簡併選舉次數符合民眾的期盼。

　　執政的民進黨盤算多項選舉同時舉行，會帶來「西瓜偎大邊」、擴大陳明文模式（帶兵投靠）效應，冀於三合一選舉時全面發酵。

　　諷刺的是，「西瓜效應」案例模範生陳明文，卻反對三合一最力。12 位綠營執政縣市，超過一半以上的縣市長反對三合一。理由有三：(1) 選風，對賄選盛行有疑慮。(2) 時程，合併選舉時程過於緊迫。(3) 會打亂選情，並衝擊南部選情。

　　但行政院長謝長廷提出該項重大宣示，希望執政黨候選人要有信心，以便在三合一之後，大幅擴大民進黨在鄉鎮市基層的執政版圖。民進黨認為，只要行政院能發揮轄屬各級檢警調的查賄作為，執政版圖即可擴大。

　　故這次三合一選舉的查賄手法，不但大有不同，且涉賄案件於起訴與審判程序，幾乎都依照公職選罷法第 127 條：「選舉訴訟設選舉法庭，採合議制審理，並應先於其他訴訟審判之，以二審終結，並不得提起再審之訴。各審受理之法院應於六個月內審結。」

　　訴訟程序落實速審速結的立法精神加以偵審，寫下台灣地方自治史上（亦是反賄選史上），於任期內「當選無效」案件最多，造成 21 席縣（市）與鄉（鎮、市）長缺額補選、50 席縣（市）議員缺額（遞補）的特殊景況。

關於查賄二三事

　　在三合一選舉過程中，金牛與樁腳創造出不少新的賄選手法，法務部也都以罕見的積極行政作為回應。除了舊有的「賄選犯行例舉 16 項」、「增列其他賄選花招例舉」、「賄選犯行例舉 18 項（18 條、18 招）」之外，更有一連串作為：

　　一、官方網站 9 月 30 日公布「賄選新手法」，做為檢警調第一線查賄人員查辦準則：

　　(1) 出錢幫大樓消毒、清潔服務。(2) 免費擔任會計、律師、建築顧問，發與免費顧問證書。(3) 致送利益非法遷徙戶口。(4) 指定處所提供小吃。(5) 先「假收費」後「真退錢」，如參加活動、旅遊等。(6) 以建設補助款綁樁。(7) 以使用執照綁樁。(8) 許以未來職務搓退候選人。(9) 夾報送洗車券、汽機車強制賣任險優惠券 500 元。(10) 補貼社團經費。(11)

出資招待社團成員出遊、烤肉等。(12) 公所以約聘臨時人員
每人 1 萬 5000 元，不用實際上班。(13) 透過家長會長以慶
生、中秋節、謝師宴招待。(14) 里長、議員、鄉長協議共同
籌資 150 萬元，每票 1000 元。(15) 假救災之名，送民生用品。
(16) 以民代補助款招待選民及致贈禮品。(17) 以招待某志工
之經費變相招待選民。(18) 利用生日、喜宴名義以禮金方式
致送賄款。

二、10 月 5 日又發布「法務部三合一查賄新策略」，
宣示新措施與新作為的五大標題為：(1) 踩到地雷機會大。(2)
間諜就在你身邊。(3) 新兵報到，政風也來了。(4) 檢舉賄選，
e-mail 嘛吔通。(5) 敢投票的幽靈，別想逃。

三、法務部 10 月 7 日再發布「反賄選、斷黑金」決心
的新聞稿，公布 6 月至 10 月期間查賄績效，希望產生嚇阻
作用，並公布最高法院檢察署指示所屬各級檢察機關加強查
察賄選作為的方向：

（一）評估賄選泛濫地區，列為查賄重點區域，有效防
制：

各地檢警調政風機關應將前次選舉時，各鄉鎮市村里的
投票率進行比對，若有發現下列情形者，即列為重點區域加
強查察：(1) 投票率高於其他地區。(2) 選票集中某特定候選
人。(3) 候選人與該地無特殊關係但得票率與得票數異常高。

各地檢署應責由分區查察檢察官及查察賄選執行小組，
將有前述情形之村里或鄉鎮列為首要的重點查察區域，適時
採取有效的查賄及防制措施，以遏阻具有黑金背景不法人

士，藉賄選而當選公職。

（二）各地方法院檢察署應詳細過濾轄區三項選舉的候選人，對於有下列各項特殊情形者，應斟酌實際狀況，進行詳細資金清查，並採緊迫盯人政策，務使無法因賄選，或以暴力介入選舉而當選：

（1）候選人或樁腳曾經賄選經查獲者。（2）候選人具有黑道背景者。（3）登記參與競選，且無明顯競選活動者，各界卻認有當選實力者。（4）候選人財力甚豐、形象不佳者。（5）樁腳具有黑道背景者。

（三）過濾各地檢署轄區之同額競選區域，詳查同額參選人是否具有黑道背景，以加強查察暴力介入選舉之事證：

經候選人登記後，各地檢署轄區多有產生同額競選之情形。檢警調政風機關均應加強蒐報及查察該區域之候選人是否具有黑道背景，或有藉暴力及金錢勢力介入選舉之情形。

另為有效徹查有無以黑道勢力介入選舉之情形，各地檢警調政風機關均應主動對於前述同額競選區域，有無下列情形詳加了解：

（1）曾表示參選意願者，登記前卻無正當原因，未前往登記參選。（2）曾表示參選，卻於登記前將戶籍遷出，自動喪失參選資格者。（3）現任可連任卻無故退選不連任，而由具黑道背景者同額競選。

四、10月20日起連續三週，法務部每週舉辦一次「三合一選舉反賄選宣導短片發表會」，分別為《決心篇》、《青春台灣人篇》、《全民皆兵篇》。

　　《決心篇》由行政院長謝長廷粉墨登場當主角，強調三合一是以「鎖螺絲」的新思維方式，層層分工，並首次將政風人員納入，與檢警調共同組成查賄鐵四角，使查賄更無闕漏之處。

　　《青春台灣人篇》集合不同族群的老將新星，包括藝人林強、原住民一哥王宏恩、客家金曲歌王謝宇威、青春活力閃亮三姊妹，呼籲青少年「青春不留白，反賄大家來」。

　　法務部特別設計了五個簡單易記的口訣，將枯燥的「反賄選」輕鬆化、年輕化、娛樂化，使其更貼近年輕選民的心，並藉由知名藝人的參與，影響各族群粉絲。

　　抓賄五部曲口訣「一接、二保、三打、四訴、五搞定」：一接是「接近豬仔候選人」；二保指「保存人、事、時、地、物證據」；三打指「打檢舉電話0800-024-099」；四訴是「起訴就領四分之一獎金，一審判罪再領四分之一」；五搞定是「判決確定有罪，全額獎金都給你」。

　　施茂林部長更與現場藝人高喊「青春台灣人不接受賄選」，鼓勵民眾踴躍檢舉賄選拿獎金，也希望藉由藝人們的號召力，讓反賄選成為全民運動。

　　《全民皆兵篇》則教導選民蒐證的技巧，並彰顯「抓賄選，拿獎金，其實不困難」。因為數十年來，賄選已成選舉文化，哪些候選人會賄選？哪些是買票椿腳？民眾最清楚，要接近這些候選人、椿腳，絕不困難。

　　甚至對方來買票的時候，就是最好的時刻，無論是錄音機、照相機、照相手機或錄影機，都是隨手可用來保存證據

的工具。交付的現金或財物,更是直接的證據,只要按照抓賄五步曲進行,保證獎金就是你的。

　　以上三部反賄選宣導影片,從 10 月 19 日起在有線與無線電視媒體密集播出。

　　五、法務部 11 月 8 日再發表「最新賄選 20 招」,以遏止機伶樁腳的創新買票花招,也提供檢警調政風人員新的查察賄選依據標準,內容如下:

　　(1) 許以新職務期約賄選。(2) 聘請臨時人員在鄉鎮公所上班。(3) 將臨時人員升為正式職員。(4) 支付賄款尋求鄉鎮代表支持,並允諾未來給予協助。(5) 先口頭約定賄選,當選後再後謝。(6) 以徵求志工名義,發與禮物。(7) 利用為選民拍照換發國民身份證機會,登記資料準備買票。(8) 運用加盟店邀人選戶口,給予相當代價。(9) 假募款餐會名義宴請選民。(10) 舉辦活動限選區居民方能參加,人人有獎品。(11) 辦理園遊會無償給與園遊券招待選民。(12) 以表揚楷模等名義致送數千 (百) 元之獎牌 (品)。(13) 以介紹子女獎學金申請辦法名義招待選民。(14) 以關懷老人名義,贈送蠶絲被。(15) 發送個人化之郵票。(16) 宰殺豬牛分送選民。(17) 指定 KTV 免費提供唱歌、用餐、飲酒。(18) 配售低於市價或尚未流通之物品,使選民可賺取差額。(19) 對鄉鎮民之申請補助案,從寬核准。(20) 透過有黑道色彩之樁腳,以戶為單位期約賄款金額,選前再付款。

　　六、施茂林部長 11 月 15 日到台中地檢署舉行檢警調查賄會議,又提出「賄選超經典 38 招」新手法、新花招查賄

完全手冊：

(1) 提供往返居所地與投票地交通工具。(2) 假借捐助名義，提供廟宇、同鄉會活動經費。(3) 收購身分證。(4) 假借摸彩或有獎徵答名義提供獎品。(5) 提供走路工、茶水費、誤餐費。(6) 提供電鍋、熱水瓶、收音機。(7) 代繳稅款或各種違規罰款。(8) 提供或介紹工作機會、或良好職位。(9) 提供免費或自付額與成本顯不相當餐飲、流水席。(10) 提供免費觀光遊覽。(11) 招待至舞廳、酒廊、歌廳或其他娛樂場所消費。(12) 販賣餐券，期約候選人當選後兌換餐券面額數倍金錢。(13) 聚眾賭博，期約於候選人當選後贏得數倍賭金。(14) 提供樂透、大樂透、刮刮樂等公益彩券。(15) 發送個人化郵票。(16) 以關懷老人名義，發放蠶絲被。(17) 以徵求志工名義，發送禮物。(18) 指定KTV免費提供歌唱、飲酒。(19) 臨時人員升等為正式人員。(20) 出錢幫大樓消毒清潔。(21) 免費擔任會計、律師顧問。(22) 指定處所提小吃。(23) 夾報送洗車券、汽機車強制險優惠券500元。(24) 公所以約聘臨時人員每人1萬5000元，但不用上班打卡。(25) 候選人協議籌資150萬元，每票1000元。(26) 假救災之名送民生用品。(27) 招待志工變相招待選民。(28) 利用生日、喜宴名義，以禮金方式送賄款。(29) 先假收費真退錢辦旅遊。(30) 出資招待社團烤肉。(31) 以使用執照綁樁。(32) 以表揚孝親楷模名義送千元獎品。(33) 宰殺豬牛羊分送選民。(34) 配售低於市價物品，讓選民賺差價。(35) 辦園遊會，人人有獎品。(36) 以介紹子女申請獎學金招待選民。(37) 運用加盟店邀人入戶

口，給予相當代價。(38)許以未來職務搓退候選人。

七、12月2日（投開票日前1天），法務部公布查賄數據，盼達威嚇作用。12月8日（投開票結束後第5天），再公布查賄成績展示實效。

配合反賄選的行政與政治任務，中選會在選前四個月重賞舉辦「為淨化選風對買票及賣票者可恥行為徵求命名活動」，為買票者及賣票者取「臭名」，分別由「票鼠」及「票蟲」中選，做為遺臭萬年的代稱。又舉辦「創意影音徵選活動」，因應影音鼓勵創意，運用於端正選風上，希望反賄選的正確觀念能紮根，且利用此媒介以達潛移默化，盼能深植於青年腦海中。

法務部同步舉辦「反賄選標誌標語設計徵選競賽活動」，並盛大舉行反賄選 logo 發表記者會，由部長施茂林與檢察總長吳英昭共同揭示。

施部長宣示捉賄選就是最好的反賄選，並授旗給板橋地檢署檢察長謝榮盛，由謝率領該署志工搭乘「反賄選宣導列車」，從法務部出發宣導反賄選。

最吸引目光的宣傳海報為「飼鼠咬布袋」，強調拿選票換鈔票，選民永遠是輸家。該海報於政府機關四處可見，並歡迎各界索取張貼。上述宣傳品在法務部與檢調官方網站，均可免費點播、點放、下載、轉傳，以達實效。

各級檢警調等司法機關，更在全國展開多元、活潑、各具特色等因地制宜的宣導活動，且配合當地社團與志工協助反賄選宣傳事宜，活動項目繁多，諸如健行、登山、舞蹈、

歌唱、書法、作文、說故事、演講、漫畫、說唱雙簧、短劇、
簽名、連署、標語、旗幟、布條、看板、DM 文宣、口號等
林林總總。

官方反賄條文多

　　不少檢警調首長親自下鄉宣導，例如苗栗地檢署檢察長
劉家芳，帶頭出席村里民大會，特別設計四大標語：「讓賄
選者當選是飼老鼠咬布袋」、「檢舉賄選賺獎金兼做功德」、
「買票是犯法、賣票也有罪」及「全民唾棄賄選、厚植民主
法治根基」，苗栗檢警調還配合製作布條，懸掛各路口醒目
地區，以擴大宣導效果。

　　在劉家芳積極帶領查賄下，苗栗地檢署查賄成績優異，
接著在第七屆立委選舉時，更勇奪全國第一，共有四名候選
人（李乙廷、何智輝、杜文卿、賴金明）被起訴，其中李乙
廷更是全國首位被判當選無效的立委。

　　劉檢察長的查賄哲學是：「準備花大錢者，一定送不出
去；花小錢者，當選也做不了多久」。他調到雲林地檢署之
後，惟恐被批「不教而誅」，又風塵僕僕四處宣導乾淨選舉。

　　不管是「賄選犯行例舉 16 項」或增列「其他賄選花招
例舉」、「賄選犯行例舉 18 項」、「賄選新手法」、「最
新賄選 20 招」、「賄選超經典 38 招」，這些正面表列的違
法違規項目，從 2001 年施行以來，經過多次選後的修正，
已成為查察賄選的依據準則。

　　各政黨與候選人於競選活動時，也漸漸習慣以此當做遵行標準，至少在公開的活動中，儘量依此做為是否踩到「紅線」的自我審度標準。選民也逐漸相信執法者依此標準查賄，媒體處理查賄新聞時，也大都依此做為官方是否公正公平的指標。

　　上述查賄共識施行以來，一切運作堪稱順利，尤其在三合一選舉時，各地檢署依此標準查出不少個案，對賄選惡風實在產生威嚇效用。然而此行之多年的查賄標準，在2007年第七屆立委選舉前，卻產生變化。

　　立委諸公目睹三合一時，只要有綁樁送禮、餐廳吃喝等視為稀鬆平常行為，都遭到檢警調搜索或移送偵辦，深知如果公然在立法院提案去除「賄選犯行例舉」、「30元以上宣傳品」的規定，絕對有礙個人與所屬政黨形象，更不利其競選連任，故僅轉向，要求放寬「賄選犯行例舉」。

　　在立法院壓力下，法務部於2007年11月13日在「賄選犯行例舉」增列「下列情形尚不足以構成賄選行為」：

　　(1) 參與民俗節慶、廟會、婚喪喜宴，贈送禮金、禮品顯與社會禮儀相當者。

　　(2) 為選舉造勢活動提供參加民眾適度之茶水、簡便餐飲者，如一般飲料、簡易性之炒米粉、便當、貢丸湯等。

　　(3) 為選舉造勢活動製作臨時性、簡便性之衣帽供助選人員作為辨識之用者，例如印有候選人姓名、號碼或政黨名稱之運動帽、圈型帽、背心等。

　　(4) 日常觀念認不具有相當價值之贈品，如門聯、桌曆、

日曆、月曆等。

（5）單純動員群眾，以車輛載運往返競選活動會場。

上述五點規定，立法院王金平院長表示是項「德政」。德政受益對象應是全民，但這項所謂德政，受益者僅是政黨、政治人物與樁腳。

而第一點「參與民俗節慶、廟會、婚喪喜宴，贈送禮金」的額度，王金平提出摸彩品 2000 至 3000 元，民進黨黨團召集人柯建銘要求 5000 元，不過法務部官員未鬆口，表示再行研究，暫行打住。

此新訂五項標準，定義模糊，勢必對刁鑽的賄選行為難以規範。尤其禮金只要「顯與社會禮儀相當者」即不違法，在貧富懸殊、家戶所得拉大的 M 型社會，600 萬元禮金對大企業顯然太薄，而 3000 元對市井小民絕對足以動搖或影響投票意向。

第七屆立委選舉查賄成績不佳，就是在此五點模糊「德政」之下，讓查賄礙手礙腳，從起訴候選人的案件不多、候選人被判決有罪定讞的案件掛零即為明證。

「鼓勵檢舉賄選要點」是根據 1989 年所訂「端正選舉風氣實施方案」而來，尚未訂要點之前，不分選舉種類，一律給獎 20 萬元。

1992 年舉辦第二屆國大代表選舉，獎勵金提高，並分成三個級距：1000 萬元、500 萬元、50 萬元。1996 年總統副總統選舉，獎金分四個級距：1500 萬元、1000 萬元、500 萬元、50 萬元。

　　2001年再增加獎勵級距：(1)檢舉人民團體（農會與漁會）選舉賄選，給獎200萬元。(2)檢舉候選人的五等血親與三等姻親，獎金100萬元。

　　「鼓勵檢舉賄選要點」的獎金是判刑確定才給，當時查賄案少，起訴當然就少。即使起訴，一審判有罪比率不及半，二審有罪約再減半，三審大都豬腳麵線（無罪）。定讞判有罪的極少，故宣示重於實質。

　　1992年起，改一審有罪，獎金先給半；定讞再給半額。定讞無罪，已領獎金不必退回。2002年起，再修訂為起訴先給四分之一，一審有罪再給四分之一，定讞有罪再領其餘獎金。

　　早期是定讞才給獎，且要檢舉者申請。1992年修改要點，依進度逐次給獎，且受理檢舉機關不待請求，亦即由被動改成主動給獎。1994年之前，「直接民選」的選項才給獎，之後擴大到「間接選舉」，例如國民大會主席團、立法院正副院長、議會正副議長、代表會正副主席等都列入，金額比照民選項目。

　　2001年，要點又擴大到農漁會，且如查到候選人之直系、旁系（五親等）、姻親（三親等），提高100萬元。又如因檢舉樁腳，因而循線查到候選人，以較高額獎項核發。原本投開票日之後的第十天，就不再查賄，當年起，延長至任期屆滿為止，以防止選後的「後謝」發生。

　　之前規定檢警調不給獎，以免裁判兼觀眾。第六屆立委選舉，民進黨欲藉查賄讓席次過半，突宣布解除此限，特訂

「檢察及司法警察機關偵辦第六屆立法委員選舉賄選案件獎金核發要點」。但因民進黨席次增加有限，認為獎勵未生效，故只這一次破例。

「不給」檢警調獎金，行之有年，因查賄乃其職責。查緝逃漏稅獎金，也於行之四十年後，因查稅乃稅務人員職分，在2004年被立法院取消，國庫年省約7億元。

法務部破例開倒車，且選在立委選前，給外界有不當的政治聯想。民進黨認為，過去泛藍靠賄選獲勝，故只要操作公權力查賄，綠營即可在國會席次過半。破例給檢警調獎金的條件，有兩點比獎勵選民還優厚：

(1)二百五條款：民眾檢舉候選人之配偶、直系、旁系五等親、姻親三等親或辦事處負責人賄選者，只給100萬元。但給檢警調則高達250萬元，「拿公帑賞打手」不手軟，額度太超過。

(2)回溯條款：破例要點第九點：「本要點生效前已查獲之第六屆立法委員選舉賄選案件，亦適用之。」法不溯及既往，但獎賞自己人，只要是在該次選舉，不分時段，統統追溯給獎。反觀民進黨執政的縣市，利誘民間查賄，卻不溯既往。

法務部破例給檢警調人員獎金，「檢察官協會」卻公開發表書面聲明表示反對，認為這根本是汙辱。有受領人員認為查賄是份內事，但又不甘心（如果拒領），該獎金將被機關首長運用，乾脆捐給慈善機構，花蓮檢察官黃冠運、王怡仁、黃蘭雅三人就是這麼做。

古人說：「孰以顯廉？臨財不苟」，曾有檢察官、司法團體表態拒領，但事過境遷，鉅額獎金發下時，反彈之音言猶在耳，但領錢後聽到異聲者少。

民間反賄站起來

官方反賄選行動，如果沒有民間配合，將事倍功半，公權力勢必難以發揮。政府總是在選前大張旗鼓，鼓勵選民提供線索、舉發，且將檢舉獎金逐年加碼。利之所在或嫉惡如仇、追求民主，台灣早期出現幾個反賄選團體，值得一提：

(1) 乾淨選舉全國推行委員會（中華民國乾淨選舉促進會）：1992 年成立，政治大學教授柴松林領導。

(2) 淨化選舉聯盟：1989 年 5 月成立，理事長呂秀蓮。

(3) 中華民國道德重整協會：1990 年 12 月 2 日成立，理事長劉仁州。在 1992 年第二屆立委改選前，發起「乾淨選舉救台灣」活動，廣發並勸導民眾簽署「反賄選承諾書」、「不賣票承諾書」，要求各黨負責人簽署「將貪汙者、賄選者永遠驅離政壇承諾書」，並要求開除貪汙、賄選罪判刑確定的黨員。各政黨在媒體壓力下，最後都一一簽署。

(4) 廉政促進會：廣播電台「講古」名嘴吳樂天組成。

(5) 跨黨派反賄選聯盟：知名作家施寄青組成，成立於 2000 年總統大選前。

(6) 高雄市乾淨選舉聯盟：成立於 2006 年 10 月 24 日，結合在地社運團體，希望為高雄創造優質選舉文化。

中縣反賄選「捉鬼隊」獲殊榮

中央選委會頒給隊長廿萬元　獎勵前底年檢舉賄選有功

■捉鬼隊長獲獎金（中國時報 1991）

（7）台中縣反賄選運動促進會：俗稱台中縣抓鬼隊，1989 年成立，蔡百修（會長）、王洲明（秘書）合組。

另外，宣傳反賄選的個人，大都非參選者，且長期投入，精神值得學習，可稱之為「宣傳反賄選單兵」：

（1）屏東市民蔡昆自費印反賄選海報，標明警示語「買賣選票都會下地獄」，檢察長登門拜訪感謝他支持，並贈反賄選布條和書籤。

（2）高雄市里長林正福，十多年來，每逢選舉即放下事業，開著自用貨車改裝的反賄選宣傳車，到各大街小巷宣

導，每天至少宣導 6 小時以上。

(3) 中國國民黨退休黨工詹碧霞，於 1999 年出版《買票懺悔錄》，全書 300 多頁，詳述該黨黨工深入基層，與民眾、地方派系、黑白兩道牽扯糾纏的實況。

■王坤盛曾是忠誠的國民黨黨員（中國時報 2000）

雖然政府重金懸賞檢舉賄選，而且宣稱加以保密，但公開檢舉賄選者，還是極少見。最知名的案例如下：

(1) 王坤盛：徵信業者。2000 年總統大選時，因檢舉國民黨連戰、蕭萬長賄選案，有不少彰化縣政要涉案，聲名大噪。員林鎮長許瓊聰被判一年六個月，該案共有 215 名國民黨幹部及選民判刑確定。

副縣長張朝權逃亡出國，曾在美國發表自白書，承認為國民黨買票，希望回國當汙點證人，以求減刑，但沒有得到台灣政府同意。2012 年 9 月 28 日因法定追訴期期滿，才恢復無罪身分。

(2) 吳露振：雲林縣東勢鄉民。不滿選風敗壞，常檢舉賄選行為，有多件成案，卻不曾領過獎金。堅信只要活著一天，就持續檢舉弊案，直到所有貪汙官員、賄選的候選人被關為止。

(3) 張玉琪：大學講師。根據《自立早報》1997年報導，彰化縣長選舉時，員林鎮 11 月 23 日發生疑似賄選案件，她於民眾聚集圍觀時，突然主動表示：「我就是檢舉人，我並不怕曝光，因相信邪不勝正。我認為這種選舉文化太惡質，候選人花大錢來買票，以後必定會賺回去。」

(4) 黃啓晃：台中市民，國民黨離職黨工。第十三屆市長時，候選人洪昭男助選員麻高霖、賴綠豐，在 1997 年 11 月 25 日攜帶禮盒及現鈔信封袋來訪，由其妻收受。他翌日向地檢署告發，全案經偵審與測謊，認定確有買票行為，麻、賴分別判處徒刑八月、六月，均併褫奪公權三年定讞。

(5) 蔡百修：台中縣人。1989 年 12 月 1 日（第十一屆縣長選舉），在梧棲鎮「通天閣」餐廳前，抓到某鄰長正在幫國民黨候選人買票，交由檢察官蔡瑞煙偵辦。該案由檢察官呂太郎接辦起訴，許多黨工、里長、鎮民代表等判決有罪確定。

(6) 王洲明：國小教師。原任台中縣反賄選運動促進會秘書（無給職），因理念問題，於 1998 年另成立「反賄選研究室」。針對社會矚目的選舉案例，經常撰述評論登載於媒體，並受邀出席選務、監票實務座談。

民間反賄選行動，能打破世俗、人情壓力與障礙，拿出道德勇氣，追求大是大非、清廉政治等理念，勸說身邊的人站出來檢舉賄選，有不少成功案例。

這些案例證明，反賄選僅在一念之間，猶如佛說的「頓悟」。要台灣進步，不缺口號，不缺道理論，不僅消極的

■張朝權（左）與法官出身的彰化縣長阮剛猛

■前台中縣議長林敏霖（左）前來關心鄉椿賄選案（2001）

■王洲明、蔡百修到法院抗議政治介入司法

■蔡百修拜訪台中地檢署檢察長陳聰明

■預祝陳聰明檢察長查賄績效佳

■陳宗彥（左二）、方昇茂（中）、蔡百修抗議警方縱放賄選犯

向賄選說不，而是要有積極的勇氣檢舉。例如：

(1) 台中縣石岡鄉的村長選舉，一對小兄弟向收賄的媽媽說：「今天收他的錢，明天他會 A 我們的錢。」媽媽羞愧的向檢方檢舉，逮獲行賄的樁腳。

(2) 台中縣烏日鄉也有一名少年，向爸爸表示：「老師說不可以收走路工。」這名父親向警方檢舉，檢警一案雙破，查獲鄰長為兩名鄉代賄選，經檢方分別起訴，並對勝選者謝林桂蘭提出當選無效之訴、成案、解職。

(3)1995 年 12 月 1 日第三屆立委選舉，彰化縣和美鎮犁盛里姚姓鎮民，檢舉他的父母替候選人買票。

(4)2002 年，台南縣白河鎮鎮民代表選舉時，一名候選人涉嫌透過王姓地方人士向莊姓婦女買票，莊姓選民的兒子不滿母親收受賄款，因而向地檢署檢舉。

(5) 三合一選舉，一名婦人涉收賄 1000 元，她的兒子舉發，法官認為兒無構陷母入罪之理，將這名母親判四個月徒刑，褫奪公權一年。

(6) 屏東縣萬丹鄉村長選舉，陳姓男子檢舉他母親拿1000 元，要他投給某候選人，乃打電話向派出所檢舉。

(7) 台中縣民王敏色公開檢舉兒子賄選，因為兒子轉贈候選人透過其服務學校的絲巾、皮帶禮盒給他。父子幸未被起訴，但卻讓縣長候選人與競選總幹事判刑定讞。大義滅親的做法，榮獲梧棲鎮模範父親，肯定其行為堪為社會敬佩及效尤。

(8) 南投縣長選舉，許姓夫及吳姓妻，收到李木鄉樁腳

行賄各 500 元，吳姓妻收下，其夫則檢舉。李某及吳姓妻被提起公訴求刑。

(9)1994 年 11 月 29 日，一位高中女生打電話給地檢署，檢舉台中縣大里市內新里的鄰長，替省議員候選人楊文欣買票，之後鄰長被判七月徒刑，該女生獲 50 萬元檢舉賄選獎金。

「徒法不足以自行」，反賄選要有成效，除了要有完備的法律、良好的行政措施配合之外，最重要的是民眾要有民主法治觀念，能適時提供賄選訊息。

歷年來，已有如此多的反賄選團體，一定累積不少經驗，近幾年也出現一些具正義感的反賄選個人，更是檢警調於選前應主動密切配合聯繫的對象。

官民之間對反賄選的角色與行動，會有些許認知誤解與落差，故雙方在查賄界限與行動準則的觀念溝通，是絕對必要的。查察賄選時機瞬間即逝，因此如何強化彼此合作，結合政府用心與民間勇氣，確實非常關鍵。

第四章：
政客反賄秀
──檢舉獎金成了空包彈

藍綠抓鬼的熱情

　　行政院與職司查察賄選的法務部，對於賄選文化的形成、賄選風氣惡化與多樣化、派系與樁腳行賄網絡的綿密糾結，急於找出破解之道，盼採取正面痛擊的因應對策，選前更提出各種活動方案，也公開做打擊賄選的宣示。

　　這些活動與宣示包括撥出高額公帑獎勵抓賄，以表示查賄的決心，並回應社運團體的批評，頒定「淨化選舉風氣實施方案」，訂出「鼓勵檢舉賄選要點」，並逐年、逐點彈性修正要點內容，以符合查賄需要。

　　各政黨與政客也一定在選前想出反賄選戲碼，做為選戰過程的例行公事，迎合媒體的需求。「獎金加碼」是最易攻上媒體版面的噱頭，「鍾魁扮相」也是政客喜好扮演的角色。

　　民眾忙生活，選舉交戰雙方忙綁樁，反賄選只是政府應付媒體的敷衍議題，各方陣營視為選戰技倆，媒體大都以選舉花絮處理，當真的不多。這可從「買票傳聞多，敢檢舉者沒幾個」看出，檢舉成功的更是罕見。

　　琳琅滿目的反賄選點子，即使不合邏輯，也少有人追蹤

或細究其真偽。因為這樣，讓官方與政治人物在選前老是演出雷同戲碼，敷衍媒體且贏得版面，同時賺到「反賄選」美譽。

至於是否欺騙社會？吃定沒人會來追究？即使追究，在彼此掩護下，也難有結果。甚至官方會騙人，政客會耍賴且言而無信。

各政黨與候選人在參選前，所做的公開、額外加碼之獎勵宣示，如果有民眾符合條件者，依民法第 125 條：「請求權，因 15 年間不行使而消滅。」15 年內都可申請，不給的話，提起民事懸賞告訴，贏得機會應該有。

然而，政客選前大張旗鼓宣傳要重賞，選後少有公開聽到給了幾件、幾人？共支出多少金額？歷年來只有選前的吹噓，沒聽過選後的犒賞。

以前的泛藍陣營，在反賄選議題吃過虧，然而政黨輪替變成在野，失去執政資源之後，於此議題操作上漸臻熟練。三合一選舉是個轉振點，更於 2008 年總統大選組成藍鷹監票部隊，「抓鬼、反賄」議題於媒體上的氣勢，勝過綠營甚多。

反觀抓鬼起家的民進黨，在地方與中央全面執政之後，檢警調查到的賄選件數，綠營已有不遑多讓的趨勢。藍綠涉賄比率漸拉平，總統候選人謝長廷在各地的競選總部與後援會，對反賄選興致也不若過往的激情與熱絡。

從一項有趣的統計，來看**泛藍陣營**的抓鬼熱情與氣勢（22 筆）：

1、第十三屆台中縣長選舉，候選人徐中雄提供 50 萬元抓鬼獎金。

2、2004 年總統副總統選舉，連戰、宋楚瑜懸賞 100 萬至 1500 萬元；高雄市總部 100 萬元；台北競選總部 1500 萬元；台中縣競選總部 1500 萬元；雲林縣競選總部 200 萬元。

3、張文寶（國）競選屏東縣內埔鄉長懸賞 20 萬元。

4、余文欽（國）競選台中縣太平市長懸賞 100 萬元。

5、李坤煌（國）競選台南縣永康市長懸賞 20 萬元。

6、許炳崑（國）競選台北縣新莊市長懸賞 100 萬元。

7、中國國民黨黨內選舉，檢舉中常委賄選賞 100 萬元。

8、第四屆高雄市長選舉，黃俊英（國）懸賞 100 萬元。

9、第四屆高雄市長選舉，立委侯彩鳳（國）懸賞 500 萬元。

10、宜蘭縣政府編列 500 萬元。

11、高雄縣鳥松鄉長補選，張美瑤（國）懸賞 100 萬元。

12、第七屆立委選舉，嘉義市江義雄（國）提供 100 萬元。

13、南投縣吳敦義（國）150 萬元、張經魁 100 萬元。

14、南投縣林明溱（國）150 萬元、王瑞琛 50 萬元。

15、高雄縣第二選區林益世（國）懸賞 100 萬元。

16、台中市三位國民黨提名的立委候選人蔡錦隆、盧秀燕、黃義交，獎金「一路發發發發」「168888」元，宣誓乾淨參選。

17、台北縣第八選區張慶忠（國）5 萬元。

18、基隆市謝國樑（國）懸賞 100 萬元。

19、台南市高思博（國）提供 200 萬元。

20、台中縣楊瓊瓔（國）提供 100 萬元。

21、台北市周守訓（國）提供 100 萬元。

22、2008 年總統大選泛藍各縣市同步成立抓鬼隊賞 100 萬元。

泛綠陣營（18 筆）：

1、國大代表全面改選（1991 年）民進黨加碼 100 萬元。

2、立委全面改選（1992 年）民進黨黨內初選 200 萬元。

3、第二屆立委選舉（1993 年）宜蘭縣政府加碼 100 萬元。

4、第十三屆台中縣長選舉（1997 年）廖永來提供 30 萬元。

5、第四屆立委（1998 年）台中縣選委會給獎 20 萬元，並頒訂「台中縣鼓勵檢舉賄選要點」。

6、總統大選（2000 年）台中縣長廖永來宣示另懸賞 200 萬元。

7、施重男（民）競選台南縣永康市長賞 100 萬元。

8、張秋明（民）競選連任宜蘭縣冬山鄉長賞 10 萬元。

9、梁楊玉華（民）競選台南縣善化鎮長懸賞 30 萬元。

10、羅文嘉選台北縣長找發「走路工」男子賞 100 萬元。

11、高雄市議員選舉郭玟成、林宛蓉（民）賞 100 萬元。

12、台中縣神岡鄉長補選吳富貴（民）懸賞 100 萬元。

13、第七屆立委選舉民進黨台南市黨部加碼 10 萬元。

14、第七屆立委屏東縣蘇震清（民）賞 10 萬元。

15、第七屆立委彰化縣江昭儀（民）賞 10 萬元。

16、第七屆立委高雄市黃昭輝（民）提供 50 萬元。

17、第七屆立委嘉義市莊和子（民）提供 500 萬元。

18、2008 年總統大選，綠營在投票前一天喊抓賄賞 500
萬元。

其餘陣營抓買票則有 9 筆：

1、第六屆立委選舉 (2004 年) 南投縣陳啓吉（台聯）等
倍加碼。

2、吳寶玉（無黨籍）競選連任桃園縣議員，扯入賄選，
10 萬元交保，她認是侮辱，開記者會宣布提供 500
萬元支持查賄。

3、陳秀暖（無）競選宜蘭縣頭城鎮長懸賞 20 萬元。

4、劉慶得（無）競選台中縣東勢鎮長懸賞 50 萬元。

5、柯賜海（無）競選花蓮縣長徵賄選情資賞 10 萬元。

6、台中市「諺霖」公司協助政府抓賄，宣稱提供 1000
萬元獎勵，是國內第一家號召員工抓賄的企業。只
要員工或會員舉出賄選事實，並向檢警檢舉，公司
將發出同額獎金。(該公司負責人吳瑟貞隔年被檢
舉，涉嫌以老鼠會模式招攬會員上萬人，吸金 43 億
餘元，地檢署依詐欺、違反《公平交易法》、逃漏
稅捐等罪起訴，求處七年有期徒刑。)

7、簡榮洲（無）競選台中縣潭子鄉長懸賞 100 萬元。

8、徐耀昌（無）競選苗栗縣長重賞 500 萬元。

9、台北市陳政忠（無）競選議員連任懸賞 100 萬元。

上述提到抓賄選加碼獎勵共 49 筆，幾乎沒有任何陣營在選後「頒獎」的後續報導，所以大都是選前的噱頭。

當然，這些都是「非官方」的個人權利、義務行為，非當事人無權置啄；但官方頒訂「鼓勵檢舉賄選要點」第七點規定：「應給與檢舉人之獎金，受理機關應不待請求。」從文字上看來，有主動給獎之意在。

不了了之的檢舉獎金

官僚體系能主動給獎是讓人期待的事，卻在應主動給獎的過程中，都遇到障礙。包括王坤盛、台中縣抓鬼隊、反賄選研究室，這些勇於曝光的個人或團體，領取獎金時都碰到障礙，遑論那些怕惹麻煩的民眾（秘密檢舉成案者）。

雲林縣民吳露振經常檢舉賄選，有多件成案，卻不曾領過獎金。為何如此？若只看媒體報導，難了解實情。但如果是主動給獎，應該會報導成「給獎時不領或拒領、繳庫、轉捐贈…」。顯然，受理檢舉機關於起訴、判決、定讞後的主動給獎，做得很差勁。

彰化縣民王坤盛檢舉總統大選賄選案，偵審過程如下：

2000 年 3 月 16 日在員林鎮巷弄當場抓到兩個鄰長在買票，檢方羈押後，國民黨陣營聲明是其自發行為，與候選人無關。

2000 年 12 月 15 日檢察官起訴員林鎮長許瓊聰等 215

人（包括 5 位里長、45 位鄰長、156 位選民）。許瓊聰求刑三年，彰化縣副縣長張朝權被通緝，另起訴。

2001 年 8 月 22 日彰化地院一審判決許瓊聰二年十個月（89 訴 1271 號）。

2002 年 4 月 30 日台中高分院二審判決一年十個月（90 上訴 2307 號）。

2002 年 9 月 12 日最高法院三審發回台中高分院（91 台上 5111 號）。

2003 年 3 月 26 日台中高分院更審判決一年六個月（91 上更一 287 號）。

「鼓勵檢舉賄選要點」第六點規定，第一審判決有罪先給二分之一，確定再給其餘獎金；第七點規定，應給與之獎金，受理機關應不待請求。亦即本案應在 2001 年 8 月 22 日地檢署主動發放半額獎金。

王坤盛於該案偵審期間，受彰化地檢署林朝松檢察長約見，員林警察分局長林漢堂更邀他對員警傳授抓賄技巧。如此轟動大案，檢方焉有不知之理？

檢方不主動給獎，有誤在先，在王坤盛申請無下文後，無奈召開記者會，質問檢方為何受理申請後遲不發放？查明結果竟是地檢署擺烏龍，公文還沒跨出辦公室，甚至還有書記官不懂相關程序的說法，令人不可思議。

台中縣第十三屆縣長選舉時，抓鬼隊檢舉賄選成功，判刑定讞後，欲領取另一半獎金時，也是不順遂。該案偵審過程如下：

1997 年 10 月 14 日檢舉藍營向沙鹿社團賄選。

1999 年 5 月 7 日檢察官起訴縣長候選人郭榮振與競選總幹事黃德治 (87 選偵 27、65 號)。

2000 年 1 月 10 日台中地院一審判決一年四個月 (88 訴 979 號)。

2000 年 11 月 22 日台中高分院二審改判無罪 (89 上訴 711 號)。

2001 年 5 月 9 日最高法院三審發回台中高分院 (90 台上 2791 號)。

2002 年 2 月 7 日台中高分院更一審改判六個月 (90 上更一 219 號)。

2003 年 2 月 20 日最高法院郭榮振撤回上訴 (定讞)(92 台上 732 號)。

依規定，一審有罪先領一半，確定再領另一半。本案於一審判有罪後的五個月又兩天 (2000 年 6 月 12 日)，領到半額獎金；定讞後，受理檢舉機關不但未依規定主動核發，檢舉人申請以後，經一再催討，均不得要領。

檢舉人無奈，搭車北上親自到法務部了解，歷經逾年 (2004 年 3 月 1 日)，才領到另一半獎金。賄選訴訟經五年五個月才終結。

另外，1995 年立委選舉，台南市候選人王滔夫賄選案，歷經九年才定讞，起訴王滔夫等 1700 多人，另有 4100 多名收賄選民被聲請簡易判決，厚達 1700 多頁的判決書，共 86 萬多字。

擒賊應擒王與核心幹部即可，破案固然很好，但如果太過勞師動眾、勞民傷財，案雖破但並不漂亮，且曠日廢時，也盡失查賄意義。法務部長陳定南對此表示道歉，也呼籲法院速審速決賄選案。

台中縣第十三屆縣長選舉賄選案，僅起訴 2 人，判決有罪 2 人，算是抓賄的經典案例，唯一的缺點也是拖太久才定讞。

2001 年立委選舉，《民眾日報》為參選的老闆蔡豪舉辦國內外旅遊，蔡遭約談，萬巒鄉民代表會成員訊後以 30 萬元交保。歷經三年，直到隔屆立委選前才起訴，共起訴 756 人，蔡豪夫婦各求刑六年、三年半，屏東檢方稱無選舉考量。

陳定南因此發飆，痛批屏東地檢署選前起訴「真笨」，因為遲至敏感時刻才起訴，徒留蔡豪在「政治迫害」上大作文章。本案檢舉後，偵查三年才起訴。依要點，起訴只是領到總獎額的四分之一。

廖縣長言而無信

王坤盛與台中縣抓鬼隊，都是知名度高的抓鬼達人，也是檢調警數度邀約請益對象，卻都碰到該主動給獎金卻不給，於申請後依舊拖泥帶水。其餘怕曝光的民眾，領獎情況就可想而知了。

一案拖了七年，另一案則歷經十一年艱辛歷程，此申請

抓鬼獎金的情況，可用「真正看到鬼」來形容最為貼切。

　　而台中檢方拒發王敏色獎金，係列舉錯誤要點當理由（偽證），法務部也於訴願與行政法院於訴訟中，一路相信檢方（袒護），官官相護，證明檢方是公開鼓勵抓賄，卻使勁暗中打壓抓鬼甚明。

　　第一個範例是柴德長案，獎金沒領到，最後還得負擔訴訟費。當時台中縣長是廖永來，已辭去縣選委會主委職務，更以請假方式全力輔選民進黨總統候選人陳水扁。

　　台中縣選委會與縣政府新聞室，全力配合廖永來的反賄選秀，兩單位和廖永來在選後對各項宣示與宣導，卻全盤否認，更拒發獎金。

　　縣政府的懸賞廣告彰顯於外，是大眾週知的事實，例如：

　　張貼於台中縣政府網站（發佈日期：2000 年 3 月 9 日，截止日期：2010 年 12 月 31 日，張貼期間達十年九個月）。

　　縣政府發布獎勵抓賄給獎金 200 萬元的新聞稿，標題：「宣示反賄選決心」。發佈日期：2000 年 3 月 9 日。

　　台中縣選委會（總幹事蔡其昌）派出八輛宣傳車，巡迴 21 鄉鎮市，深入基層宣傳反賄選與額外獎金 200 萬之事，《聯合報》等各報地方版有大篇幅報導。

　　已辭選委會主委的廖永來，為表達反賄選決心，特地到「台中縣選監檢警聯繫會報」場所，重申縣政府額外給獎 200 萬元。

　　選委會的會議紀錄清楚記載：「廖縣長永來蒞會宣誓反賄選及反暴力決心，並提供檢舉賄選獎金每案新台幣 200 萬

元，做為鼓勵民眾踴躍檢舉賄選案件，立意甚佳，惠請各選、監、檢、警人員積極配合辦理。」

縣政府加碼獎勵之事，包括《自由時報》、《聯合報》、《台灣日報》、《中國時報》連續報導三天，共有八則新聞。

住在梧棲鎮中正里的柴德長，擔任學校工友，當年檢舉賄選成立，並判有罪定讞，申請獎金歷經七年訴訟，最後敗訴，還須繳納訴訟費數十萬元。

柴德長此次總統選舉支持宋楚瑜，投票日的前三天，檢舉國民黨候選人連戰樁腳林女買票，刑事偵審經過略為：

2000 年 3 月 15 日向梧棲警察分駐所檢舉林女賄選。4 月 8 日檢察官王清杰起訴林女一人（89 選偵 2 號）。8 月 4 日台中地院法官黃峻隆判刑五個月（89 訴 1011 號）。12 月 13 日台中高分院法官羅得村、古金男與林輝煌改判二個月定讞（89 上訴 1787 號）。

柴德長向台中縣政府申請獎金過程：

2001 年 3 月 27 日向台中地方法院提民事起訴狀（懸賞廣告求償）。6 月 12 日台中縣政府突頒訂「總統副總統選舉台中縣鼓勵檢舉賄選要點」，意旨為起訴給獎 200 萬元，兩年內都可申請。

2001 年 6 月 13 日台中地院法官林洲富裁定駁回（90 訴 1004 號）。理由略以：「檢舉賄選發放獎金之宣示，乃具有自治規則之性質，而對外發生公法之法律關係，非屬私法上權利，自不得為民事訴訟之標的。」

柴德長不服，向台中高分院提起抗告。

2001 年 10 月 31 日台中高分院法官陳滿賢、簡清忠、朱樑，裁定抗告成立 (90 抗 1292 號)。理由略以：「況訴訟事件是否屬民事訴訟之範疇，應以原告起訴主張為訴訟標的之法律關係為斷，而非以法院調查之結果為依歸。

至法院調查之結果一認原告請求者不符法律規定之要件時，則屬其訴有無理由之問題，尚與法院有否審判權無涉 (最高法院 88 年台抗字 168 號裁判要旨參照)。

本件原告起訴主張之訴訟標的法律關係，於起訴狀及其後提起之準備書狀，均明白闡述依民法第 164 條懸賞廣告之規定為請求，準此，原裁定就本件以審判權之有無為論斷，亦有未當。爰將原裁定廢棄，由原法院另為適法之處理。」

2002 年 4 月 3 日台中法院法官林洲富一審駁回 (縣府勝，90 訴更 19 號)。理由略以：「首先，被告於選監檢警聯繫會議所進行之會報，出席者均係代表各查賄機關，包括主任檢察官朱坤茂、選委會主委張源順、縣警察局長陳瑞添等，上開與會人士均係可得特定之人，即不特定之人無法出席。

則被告所為意思表示，係對前揭可得特定之人為之，與廣告行為須對不特定人為意思表示之要件有間。準此，200萬元之意思表示，非屬廣告行為洵堪認定。

其次，受訪者 (被告) 之意思表示乃發生於受訪當下，負責報導內容的記者既非受訪者之代理人，亦非意思傳達的使者，自不得以記者嗣後撰寫之文稿作為受訪者的意思表示，而將報導內容認定為被報導對象的廣告行為。」

2002 年 10 月 8 日台中高分院法官童有德、黃永泉與蔡

秉宸二審原判決廢棄（柴德長勝，91 上 159 號）。理由：「本件紛爭事實應定性為私法關係，要無疑義…。經證人即《聯合報》記者簡獻宗結證稱：前開之報導確實由其所撰寫，固然當時有無親自前往該檢警聯繫會報，已不復記憶，但會如此報導，必定有根據。

　　本件被上訴人藉新聞媒體及網際網絡公開宣示提供獎金獎勵檢舉賄選者，對於完成該檢舉行為之人，給予報酬，是其法律性質應為私法上懸賞廣告契約。」

　　2003 年 5 月 1 日縣政府突然廢止「總統副總統選舉台中縣鼓勵檢舉賄選要點」。

　　2004 年 6 月 3 日最高法院法官林奇福、陳國禎、李彥文、陳重瑜與劉福聲三審原判決廢棄（縣府勝）(93 台上 1097 號)。理由：「上訴人（縣府）本其行政職權，依台中縣鼓勵檢舉賄選要點規定，對於檢舉賄選之檢舉人給與檢舉獎金，旨在達成取締賄選之行政上目標，其性質應屬公法上之行政行為，不能認其係成立民法第 164 條第一項規定之懸賞廣告契約。」

　　2004 年 10 月 15 日台中地方法院裁定柴德長需負擔訴訟費 7 萬 3342 元 (93 聲 1985 號)。以上民事（懸賞廣告）三審結束，柴德長改走行政救濟。

　　2004 年 6 月 24 日依民事最高法院判決指示，本案所依「台中縣鼓勵檢舉賄選要點」係公法契約，應改走行政程序，故向台中縣政府提出行政申請 200 萬元獎金。8 月 5 日縣府駁回申請，理由是縣府從未訂有「台中縣鼓勵檢舉賄選

要點」。

　　9月7日改向台中縣選委會提出申請獎金。9月13日台中縣選委會駁回申請，理由是選委會在1998年第四屆立委選舉曾訂要點，總統選舉則未訂要點。

　　2005年1月7日內政部訴願決定書，駁回訴願，略以：

　　(1)縣府未曾訂定「台中縣鼓勵檢舉賄選要點」，且縣府所訂「總統副總統選舉台中縣鼓勵檢舉賄選要點」係於2001年6月12日實施（已於2003年5月1日廢止），依不溯及既往原則，該要點並不適用於本案。

　　(2)前縣長廖永來在選監檢警聯會報200萬元獎勵之宣示，係內部業務會議，會中提高檢舉賄選獎金之發言，係提出政策構思供幕僚作政策評估、規劃之行政先行行為。

　　(3)引用2002年4月3日(90訴更19號)之判決，亦即廖永來於選監檢警聯繫會議所進行之會報，出席上開與會人士均係可得特定之人，即不特定之人無法出席，則被告（廖永來）所為之意思，係對前揭可得特定之人為之，與廣告行為須對不特定人為意思表示之要件有間。

　　事實上，經細究發現，內政部訴願決定書駁回之三點，其見解頗有差誤：

　　(1)縣府未曾訂定「台中縣鼓勵檢舉賄選要點」，沒有爭議。但縣府所訂「總統副總統選舉台中縣鼓勵檢舉賄選要點」，施行起於2001年6月12日，廢止於2003年5月1日，該要點施行近兩年，這期間並未有總統選舉。如不溯及既往，或適用於下屆大選，則縣府訂此要點毫無用處，顯有

公然詐欺的行為。

(2)該要點六：「選舉投票日後逾十日，始檢舉賄選者，不給與獎金。」施行這兩年沒總統選舉，哪來投票日後逾十日始檢舉賄選之事？處處有矛盾。

(3)廖永來3月9日到選委會做200萬元獎勵宣示，因他在1月14日已辭去選委會主委，當時身份是來賓，之後又請事假助選。選委會是獨立的選務機關，所謂「廖前縣長在會中提高檢舉賄選獎金之發言，係提出政策構思供幕僚作政策評估、規劃之行政先行行為」，在行政學上是邏輯不通的文字判決。更何況，如上言屬實，聽到其言之下屬，在政策評估之後，針對其行政先行行為之宣示，到底做出哪些規畫？

內政部訴願委員會引用(90訴更19號)之判決，此觀點早已被二審推翻，內政部訴願決定書竟還敢提出來？非常離譜！廖永來不僅不是對「特定之人」為之，而是請這些特定之人於會議完畢，回去「惠請各選、監、檢、警人員積極配合辦理」。意即大家要積極宣傳「廖永來抓一件賞200萬元」之事，會議紀錄更有詳細記載。

民事最高法院認定「鼓勵檢舉賄選要點」是行政規定，應該依行政程序申請救濟。當柴德長依指示改走行政程序申請獎金，縣府、內政部一致認定縣府未曾訂有此要點，讓核發獎金頓失依據。明明是民事懸賞，縣府明知自己並未訂此要點，卻故意誤導最高法院於定讞判決時，誤判為「公法契約的行政規定」。

第十任總統副總統選舉台中縣選、監、檢、警聯繫會報紀錄

八十九年三月八日

一、截至三月七日止各候選人於本縣依集會遊行法申請造勢活動計十七場，無違規違法情形發生。

二、廖縣長永來蒞會宣誓反賄選及反暴力決心並提供檢舉賄選獎金每案新台幣貳佰萬元，作為鼓勵民眾踴躍檢舉賄選案件立意甚佳，惠請各選、監、檢、警人員積極配合辦理。

三、有永侯選人宣稱「投票日當天投開票所恐有不公情形有妨害選舉之虞」，請各投開票所選務及警察人員謹慎妥處，並請確實為顯與選罷法規定不符且有妨害選舉之虞」，請各投開票所選民至投開票所監票，「對於選民監票行維護及管制投開票所人員進出。

四、和平鄉因九二一地震致道路不通暢，將於三月十五日提早運送選票屆時請和平警分局配合運送勤務以維護選票安全；另因考量可能下雨因素致道路中斷亦請商調直昇機備用。

五、下次會議訂於八十九年三月十七日(星期五)上午十時，如有重大事故隨時以電話通知召開。

■聯繫會報紀錄 3

　　2005 年 3 月 30 日台中高等行政法院法官沈應南、林秋華與許武峰判決縣府勝 (94 訴 671 號)。略以：作整體觀察，所指「決定將檢舉獎金提高至 200 萬元」，應係對於該縣「鼓勵檢舉要點」中檢舉獎金，有決心予以提高之宣示，於所指「鼓勵檢舉要點」尚未完成檢舉獎金提高之修正前，尚屬政策之宣示，並未發生法律上之效力，自不得以被告前縣長廖永來有上開談話，且公諸於外，作為被告有此給付義務之依據。

　　解析行政判決謬誤之處，既然內政部已認定台中縣政府未曾訂有「鼓勵檢舉賄選要點」，何來「尚未完成檢舉獎金提高之修正前，尚屬政策之宣示，並未發生法律上之效力」？本來就無要點，不存在的東西要怎麼修正？官方玩弄文字遊戲，欺騙百姓的技巧，實在太拙劣了。

　　柴德長 2005 年 4 月 18 日以廖永來為被告，提起民事給付報酬之訴。6 月 17 日台中地院法官林靜芬判決廖永來勝 (94 訴 937 號)。略以：「中華民國第十任總統副總統選舉期間，自報章雜誌或縣府網站上得知將台中縣檢舉提高為 200 萬元者，亦為台中縣政府，而非廖永來個人，足堪認定…。台中縣政府網站上公布之反賄選提高獎金之宣示一事，非被告個人 (廖永來) 所為，灼然甚明。」

　　為追究案情為何如此離奇？這過程應該有官員在答辯所提證據，疑有「偽造文書」情事發生，故以縣府、法人代表縣長、民政局長、課長、承辦員為被告，提起刑事告發狀，從 2005 年 6 月 30 日告到 2007 年 4 月 30 日，不是簽結，就

是不起訴。

　　檢舉賄選領不到獎金，輸了官司，還賠雙方裁判與律師費數十萬元，只能自認倒楣。官員的內心應該存著：「抓鬼？你也未免太認真了吧！我們只是選前隨便說說，死老百姓隨便聽聽就好，搞成這樣，見到鬼喔！」

　　本案有網路張貼、公開宣示新聞稿、選監監警會議紀錄、八輛宣傳車廣告、多天多則媒體報導，也有「總統副總統鼓勵檢舉賄選要點」。台中縣政府、選委會和宣示人廖永來，竟無一承認。

　　以縣府為被告，提起民事求償、行政訴訟，都不得要領。改向說話的廖永來個人求償，民事判決說這非個人所為之事（是縣府之事）。最後不得已，乃告發官員偽造文書，也都不得要領。印證官字兩個口，相互迴護，反賄選是「選前當口號、選後不知道」。

王敏色檢舉賄選案

　　王敏色是我的父親，1921 年出生於台中梧棲鴨母寮，不識字。我以「政府有高額獎金」並曉以反賄大義後，他於1997 親自到台中地檢署檢舉我服務的永寧國小（團體受賄），循線查到國民黨縣長候選人與競選總幹事。

　　經檢方起訴、一審無罪、二審無罪、三審發回、更一改判有罪（因候選人於最高法院放棄上訴而定讞）。我父親2007 年 6 月病逝，遺族繼承訴訟，申請獎金案件於 2008 年

被駁回確定。訴訟前後十一年，500 萬元獎金沒領到，還需負擔雙方的訴訟費用。

王敏色檢舉永寧國小賄選案，刑事偵查與審判過程如下：

1997 年 10 月 17 日檢舉國民黨縣長候選人涉及永寧國小賄選。（三天前，沙鹿青商會曾遭檢舉，順天國中在七天後也遭檢舉。）

1999 年 5 月 7 日台中地檢署檢察官劉國賓，起訴候選人與競選總幹事（87 選偵 27、65 號）。

2000 年 1 月 10 日台中地院法官林麗真，判決永寧國小涉賄部分無罪（88 訴 979 號）。

2000 年 11 月 22 日高分院法官羅得村、劉榮服與古金男，判決永寧國小部分維持無罪（89 上訴 711 號）。

2001 年 5 月 9 日最高法院法官林增福、邵燕玲、林開任、陳世雄與惠光霞，發回台中高分院更審（90 台上 2791 號）。

2002 年 2 月 7 日更一審法官林榮龍、江錫麟與謝說容，改判永寧國小部分有罪（90 上更一 219 號）。

2003 年 2 月 20 日最高法院法官董明霈、林茂雄、王居財、張祺祥與吳三龍，因候選人撤訴，有罪定讞（92 台上 732 號）。

2003 年 7 月 9 日高分院法官羅禮政、蔡聰明與陳欣安，判決競選總幹事黃德治有罪，永寧國小無罪（92 選上更二 82 號）。

2003 年 10 月 3 日最高法院法官施文仁、林永茂、蕭仰

歸、張清埤與呂永福，駁回黃總幹事上訴定讞，永寧國小無罪 (92 台上 5563 號)。

依「鼓勵檢舉賄選要點」第 6 點規定，一審有罪先給獎金一半，確定再領另一半。王敏色檢舉永寧國小賄選案 申請獎金過程如下：

2000 年 7 月 26 日申請酌情給獎：檢舉永寧國小部分，一審判決無罪，但自認對破案有幫助，先聲請酌情給獎。檢察官朱楠以「檢舉永寧的部分罪嫌尚有不足，對有罪部分並無重要幫助情事，聲請實難認為有理由」，駁回。

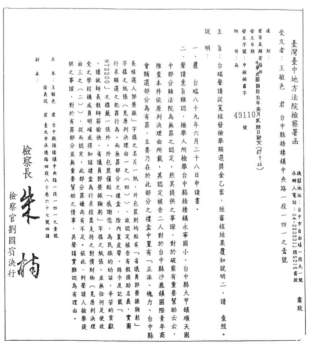

■檢察署函王敏色

2002 年 5 月 1 日改判有罪後申請半額獎金：更一審，永寧國小部分改判有罪。依規定，一審有罪先給半。檢方未主動核發，王敏色於是提出申請。

檢察官王添盛以「全案送最高法院審理，是該案件目前尚繫屬於法院審理中，並未確定。台端聲請核發獎金，與前揭鼓勵檢舉賄選要點第 6 點規定不符」，駁回。

我認為檢方見解錯誤，依規定，一審就該給半；以審理中未確定案件就不核發，明顯違反「鼓勵檢舉賄選要點」之規定。

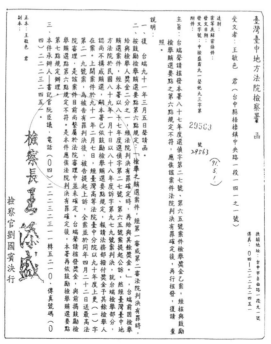

■檢察署函王敏色

　　2002 年 12 月 16 日檢察官王添盛以「沙鹿、永寧與順天三案是連續犯，如一一給獎金，恐有道德危險，且國家沒如此財力」，再度駁回。

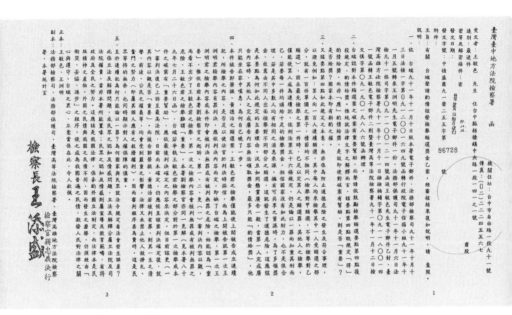

■檢察署函王敏色

　　2003 年 4 月 3 日法務部駁回訴願，理由略以：「沙鹿（10 月 14 日）、永寧（10 月 17 日）、順天（10 月 24 日）三次行賄之時間極為相近，顯係郭榮振為達當選目的所為之同一賄選行為。」

　　2004 年 2 月 11 日行政法院駁回 500 萬元獎金之起訴聲請：檢舉人原本聲請半額 250 萬元，郭有罪後，改全額 500 萬元（2003 年 2 月 20 日郭榮振有罪確定）。

　　台中行政法院法官胡國棟、王德麟與林秋華，參採法務

部訴願決定書的理由駁回，且判決書觀點卻採用檢方第一度提出之偽證：

「但王敏色檢舉之行為時，檢舉要點第 4 點並無此酌情給獎的規定，則原告檢舉郭榮振在永寧國小行賄之犯行部分，縱使對於破案有重要幫助，依行為時檢舉要點亦無酌情給獎之規定。」

2004 年 3 月 6 日向最高行政法院提上訴狀，特別指出檢方答辯是偽證，強調王敏色檢舉時是 1997 年 10 月 17 日，而中央選委會編印《公職人員選舉法規及解釋彙編》1995 年版第 586 頁〈鼓勵檢舉賄選要點〉第 4 點：「⋯但其餘檢舉人提供之事證，對於破案有重要幫助者，得酌情給獎⋯」，是有此規定，被告（台中地檢署）故意誤導行政法院判決。

2004 年 3 月 25 日檢察官陳守煌、許世賢向最高行政法院所提出之答辯狀，內容再度提出偽證（第二度提出），表示依「鼓勵檢舉賄選要點」之法規沿革，其行為時之檢舉要點第 4 點規定為：「數人檢舉同一賄選案件，後檢舉者，不給與獎金；其不能分別檢舉之先後者，獎金由檢舉人均分。並無酌情給獎之規定，故原判決適用法規無誤。」

2005 年 8 月 25 日最高行政法院法官趙永康、鄭淑貞、黃淑玲、侯東昇與林文舟，駁回（檢方勝）。2005 年 9 月 2 日至 2007 年 1 月 31 日期間，王敏色以「發現新事實新證據」為由，重新申請獎金 500 萬元，檢方以於法無據，駁回，訴願時，法務部裁定訴願不受理。之後向台中高等行政法院提起訴狀，遭駁回，向最高行政法院提抗告，亦遭裁定駁回。

　　2007年2月7日至2008年9月18日期間，王敏色以「行為時要點4確有酌情給獎」的規定，聲請酌情給獎。地檢署以於法顯有未合，向法務部訴願則裁定不受理。台中行政法院以「當事人死亡，撤銷訴願，俟繼承人承受訴願後，另為適法之處置」。法務部重為裁決不受理，向台中行政法院提起訴狀，也判決駁回。

　　2008年9月19日因檢舉賄選當事人已去世，我履行當初勸誘父親「檢舉有獎金500萬元」的承諾，已無實踐必要，乃以繼承人身分放棄上訴。隔日以台中地檢署（法人代表陳守煌、許世賢）為被告，提出偽證告訴。

　　受理的台中檢方未移轉、未迴避，直接簽結不受理。檢察官張斗輝理由略以：「陳守煌（檢察長）、許世賢（檢察事務官）於行政訴訟所提之答辯狀理由所指其（王敏色）行為時之檢舉要點…，並無酌情給獎之規定。」

　　我一再告知檢方所提觀點有誤，從2004年2月11日至今，此錯誤偽證一再被法務部、各審法院採用，致檢舉人聲請全額500萬元獎金之訴駁回，酌情給獎之訴也遭駁回。

　　為追究檢方偽證，因為檢方是查賄機關，是鼓勵抓賄、審核給獎的機關，連審核給獎的依據「要點」都不知，在訴訟中一再提偽證，又在官官相護下，一路被採信，我認為是非曲直，總要說個清楚。

　　之後我向行政院與法務部函查「行政院83年11月8日台83法字第41765號」之「鼓勵檢舉賄選要點」，是否有酌情給獎的規定？法務部於2009年1月8日以〈法檢決字

第0970047337號函〉影印該要點，確實列有酌情給獎規定，證明檢方一路偽證，各裁決機關卻一路袒護。鼓勵抓賄與核獎機關沒有「要點」原稿，經我再三告知，還拿偽證誤導各級裁決。

王敏色申請時，檢方駁回的理由略有四點：

(1)三案係連續犯，僅能核發一案獎金。(2)受賄者如陸續一一前來檢舉並領獎，恐有道德危險。(3)如每件均頒十足檢舉獎金，國家沒有如此財力。(4)把一案切割成三案，是王洲明精心策動。

以實務的觀點，針對上述四點謬論，我逐一駁斥如下：

沙鹿青商會、永寧國小與順天國中等三案之異同處與分析

相同處：三案收到之賄選物品，皆為絲巾皮帶禮盒														
不同處：三案除禮盒相同之外，其餘相異處如下列														
1	2	3	4	5	6	7	8	9	10(各審判決差異)					
團體	屬性	案發地點	卸貨時間	椿腳	轉贈者	檢舉日	檢舉人	證據	地檢署	一審	二審	三審	更一	最高法院
青商	社團	沙鹿	9月中	霧峰青商	王會長	10.14	抓鬼隊	縣長候選人的名片	起訴	有罪	無罪	發回	有罪	郭榮振有罪確定
國小	教育	梧棲	9.24	不明	黃校長	10.17	王敏色	省議員的名片	起訴	無罪	無罪	發回	有罪	
國中	教育	大甲	9.13	不明	林校長	10.24	徐老師		起訴	無罪	無罪	發回	有罪	

　　(1)連續犯說：要證實三案的禮盒是來自同一椿腳，這名椿腳才算連續犯。但案發十年來，被告（台中檢方）職司查賄，尚無法證實三案的禮盒來自同一椿腳。查不出卻用臆測，把責任歸咎給我，不符證據原則。競選縣長要行賄的話，其動員網絡一定是多元管道與多元網絡。如規定每項選舉只獎勵一案，形同打壓檢舉，無法達到鼓勵檢舉賄選目的。

　　(2)道德危險說：提出此說來拒發獎金的檢察官，揣測大眾為貪圖高額獎金，會「一一前來排隊檢舉領獎金」的場景發生。但檢方臆測心態及認知，與實情不符，因為過去十年來，排隊檢舉領獎金的場景從未發生，未來也不會發生。檢察官蔣忠義的妄想與恐慌，顯然不懂政治人物、椿腳與選民之間「恩庇侍從」、「交換理論」賄選行為模式與邏輯。

　　(3)國家無此財力說：此說違背上級查賄政策。辦理抓賄獎勵，行政院頒發獎金一再提高、一再從寬，連明文規定不該給獎的檢警調，在第六屆立委選舉時破例給獎，台中檢方也在從寬給獎的受益之列。政府是否有無財力的問題，還輪不到被告（檢方）來掛慮。

　　(4)一案切割成三案，圖謀獎金說：如果是我圖謀獎金，將一案切割成三案，則有偽證、侵佔或圖利的罪責，被告（地檢署）是摘奸發伏的單位，應立刻查辦。

　　從發動、勸誘選民，到製作筆錄完成檢舉，一聯串的作為並不容易。我能在同一年、同一項選舉，發動勸誘完成三件檢舉案，被告（地檢署）應該表揚與獎勵才對，台中檢方竟以此理由一再打壓、拒發獎金，非常荒謬。

第五章：
賄選名人堂
——歷史會記住你們

速審速結的選舉正義

　　三合一選後，任期尚未結束，但由法務部指揮各地檢、警、調、政風人員查賄，以「當選無效」起訴的案件，經由各地、各級法院判決確定的案例，已造成 50 個縣（市）議員任期內遭解職（同步由落選頭遞補）；也造成 21 個地方行政首長下台，並完成補選（1 個縣市長、20 個鄉鎮市長）。

　　涉及三合一選舉中的賄選案件，其訴訟程序幾乎都依照公職選罷法第 127 條：「選舉訴訟設選舉法庭，採合議制，先於其他訴訟審判，二審終結…六個月內審結」，亦即「速審速結條款」。

　　涉賄，遭解職的縣市議員（民意代表），並依同法第 74 條第 2 項規定，由落選頭遞補。條文為：「地方民意代表當選人因第 120 條第 1 項第 3 款之情事，經法院判決當選無效確定者或當選人有褫奪公權尚未復權之情形時，其缺額由落選人依得票數之高低順序遞補，不適用重行選舉或缺額補選之規定。但遞補人員之得票數，不得低於選舉委員會原公告該選舉區得票數最低之當選人得票數二分之一。」

　　查賄，要讓當選人下台，誠屬不易。當選無效的案例，雖所在多有，歷年來也有案例，但總是零星且分散於歷屆。在同一屆，因涉賄所造成的當選無效（或補選），應屬三合一案例最多。

　　快速的偵審程序（任期內定讞），辦出如此績效，寫下查賄史上的紀錄。以往賄選官司，檢察署和法院因循怠惰，各地都是，例如 1994 年台中市議會議長郭晏生賄選案，拖延 13 年才定讞。

　　1995 年立委選舉，台南市候選人王滔夫賄選案，歷經 9 年才定讞；台中縣長候選人郭榮振賄選案，歷經 6 年才確定；2001 年第五屆立委選舉，屏東縣蔡豪涉賄疑案，偵查 3 年（隔屆）才起訴。

　　這種推拖拉的情形，在偵審三合一的賄選官司中，幾乎看不到，讓有意冒風險的政治人物，見識到檢院聯手的威力。查賄結果，給全民都上了寶貴的民主政治課，更引起涉案的 6 名立委恐慌，偷渡修改選罷法動作頻頻。

　　賄選，被稱為民主之恥，理論上都這麼說，至少學者與政治人物在公開正式的討論會上，沒人敢說不是。但涉及賄選的該縣（市）、鄉鎮（市）、該選區的選民，是否真確感受到賄選是民主之恥？選民會在補選中因覺悟而轉向支持較清廉的候選人嗎？瀏覽下列統計表，所疑惑的答案就一清二楚。

三合一選舉遭到解職（遞補）的 50 席縣市議員名單

編號	縣市	解職者	遞補者
1	雲林縣	梁銘忠（無）	王鐵道（無）
2	桃園縣	黃享欽（無）	廖輝星（國）
3	台南縣	姜金堂（無）	吳通龍（無）
4	台中市	羅春蘭（國）	黃仁（親）
5	嘉義縣	陳保仁（無）	簡泰河（國）
6	南投縣	鄭文銅（無）	廖志誠（民）
7	新竹縣	朱有玄（無）	范玉燕（無）
8	台東縣	曾宏賢（國）	張卓然（國）
9	苗栗縣	羅碧玉（國）	曾美露（國）
10	屏東縣	董啟智（國）	徐啟智（無）
11	屏東縣	徐啟智（無）	無人可補／缺額 未半不補選／懸缺
12	花蓮縣	李春風（國）	黃輝寶（親）
13	屏東縣	沈文傑（無）	曾勳任（無）
14	桃園縣	邱顯二（民）	藍勝民（台）
15	桃園縣	林政賢（國）	黃智銘（台）
16	雲林縣	蔡永常（無）	林哲凌（民）
17	台東縣	林惠就（國）	徐良坤（國）
18	南投縣	謝汪汕（無）	張國華（國）
19	彰化縣	張新男（國）	陳榮妹（無）補選
20	花蓮縣	周利根（國）	笛布斯・顗賚（無）
21	台南縣	蔡明甫（無）	周獻珍（國）
22	苗栗縣	陳添松（無）	張茂玄（國）
23	新竹市	吳國寶（台聯）	林梅華（無）
24	高雄縣	黃登圣（民）	吳文耀（國）
25	高雄縣	何勝雄（國）	黃明河（民）
26	新竹縣	劉文禎（國）	黃國憲（國）

編號	縣市	解職者	遞補者
27	桃園縣	黃景熙（無）	蕭大千（國）
28	台南縣	方一峰（無）	蔡蘇秋金（民）
29	桃園縣	蕭大千（國）	呂文華（國）
30	新竹市	古榮政（民）	曾仁宗（國）
31	台中市	黃仁（親）	溫建華（國）補選
32	宜蘭縣	劉石純（國）	楊政誠（無）
33	屏東縣	王林美足（國）	陳惠琴（無）
34	澎湖縣	陳富厚（無）	陳定國（無）補選
35	新竹縣	張木海（民）	林保光（無）
36	南投縣	張國華（國）	票未過半不遞補／任期逾半不選／懸缺
37	台南縣	林逢春（無）	陳進財（無）
38	南投縣	林民政（無）	劉一平（民）
39	台中縣	林竹旺（民）	張豐奇（國）
40	雲林縣	陳清秀（國）	廖宜珍（無）
41	彰化縣	白鴻森（國）	林茂明（無）
42	嘉義縣	林金敏（民）	吳思蓉（國）
43	新竹市	曾仁宗（國）	羅文熾（無）
44	雲林縣	簡錦全（國）	李長發（無）
45	新竹市	王明魁（國）	無褫權無法遞補（背信罪）
46	新竹縣	陳文宏（民）	林思銘（無）
47	彰化縣	張宗興（國）	陳勝彥（無）
48	台中市	陳瑞德（國）	陳富德（國）
49	台中市	莊乃慧（無）	婦保／未過半不遞／任期逾半不補選／懸缺
50	台中市	游民哲（國）	劉春財（國）

解職（遞補）議員之得票率與選區分布

編號	縣（市）選舉區	解職者（票數／得票率）	遞補者（票數／得票率）
2	桃園縣 1 選區	黃享欽 7515(4.94%)	廖輝星 5790(3.81%)
14	桃園縣 6 選區	邱顯二 10239(25.77%)	藍勝民 5700(14.35%)
15	桃園縣 1 選區	林政賢 10504(6.91%)	黃智銘 5369(3.53%)
27	桃園縣 1 選區	黃景熙 7723(5.08%)	蕭大千 4701(3.09%)
29	桃園縣 1 選區	蕭大千 4701(3.09%)	呂文華 4363(2.87%)
3	台南縣 3 選區	姜金堂 7848(12.93%)	吳通龍 6427(10.59%)
21	台南縣 10 選區	蔡明甫 4016(3.94%)	周獻珍 3827(3.75%)
28	台南縣 4 選區	方一峰 7050(13.32%)	蔡蘇秋金 6859(12.96%)
37	台南縣 9 選區	林逢春 6204(7.16%)	陳進財 4671(5.39%)
6	南投縣 5 選區	鄭文銅 5582(9.71%)	廖志誠 5150(8.95%)
18	南投縣 7 選區	謝汪汕 3535(48.67%)	張國華 2748(37.84%)
36	南投縣 7 選區	張國華 2748(37.84%)	懸缺
38	南投縣 4 選區	林民政 8904(21.64%)	劉一平 4091 (9.94%)
7	新竹縣 8 選區	朱有玄 4074(8.16%)	范玉燕 3991(8.00%)

編號	縣(市)選舉區	解職者(票數/得票率)	遞補者(票數/得票率)
46	新竹縣 8 選區	陳文宏(民) 5619(11.26%)	林思銘(無) 3985(7.98%)
26	新竹縣 4 選區	劉文禎 6943(39.29%)	黃國憲 4772(27.00%)
35	新竹縣 1 選區	張木海 4154(8.36%)	林保光 3424(6.89%)
19	彰化縣 9 選區	張新男 416(46.53%)	陳榮妹 283(補選)
41	彰化縣 1 選區	白鴻森(國) 14974(9.90%)	林茂明(無) 6478(4.28%)
47	彰化縣 3 選區	張宗興(國) 10034(13.72%)	陳勝彥(無) 6896(9.43%)
9	苗栗縣 1 選區	羅碧玉 4390(6.29%)	曾美露 3644(5.22%)
22	苗栗縣 5 選區	陳添松 3624(6.80%)	張茂玄 3251(6.10%)
5	嘉義縣 3 選區	陳保仁 5549(13.87%)	簡泰河 5083(12.71%)
42	嘉義縣 3 選區	林金敏(民) 7483(18.71%)	吳思蓉(國) 4729(11.82%)
8	台東縣 2 選區	曾宏賢 3077(50.52%)	張卓然 3014(49.48%)
4	台中市 7 選區	羅春蘭 408(47.94%)	黃仁 304(35.72%)
31	台中市 7 選區	黃仁 304(35.72%)	溫建華 (補選)
48	台中市 4 選區	陳瑞德 5297(6.66%)	陳富德 4705(5.92%)
49	台中市 1 選區	莊乃慧 3856(6.43%)	懸缺

編號	縣（市）選舉區	解職者（票數/得票率）	遞補者（票數/得票率）
50	台中市 6 選區	游民哲 6674(6.55%)	劉春財 5525(5.42%)
10	屏東縣 6 選區	董啓智 6396(23.99%)	徐啓智 5221(19.59%)
11	屏東縣 6 選區	徐啓智（無）5221(19.59%)	懸缺
13	屏東縣 3 選區	沈文傑 5889(5.75%)	曾勳任 5651(5.52%)
33	屏東縣 7 選區	王林美足 3089(50.39%)	陳惠琴 3041(49.61%)
1	雲林縣 4 選區	梁銘忠 5070(9.02%)	王鐵道 4719(8.39%)
16	雲林縣 6 選區	蔡永常 8417(14.54%)	林哲凌 6420(11.09%)
40	雲林縣 3 選區	陳清秀（國）8242(11.03%)	廖宜珍（無）3879(5.19%)
44	雲林縣 2 選區	簡錦全（國）7169(13.22%)	李長發（無）4682(8.63%)
23	新竹市 5 選區	吳國寶 3342(11.64%)	林梅華 2609(9.08%)
45	新竹市 5 選區	王明魁（國）3418(11.90%)	懸缺
30	新竹市 1 選區	古榮政 3045(5.79%)	曾仁宗 2301(4.38%)
43	新竹市 1 選區	曾仁宗（國）2301(4.38%)	羅文熾（無）2277(4.33%)
32	宜蘭縣 8 選區	劉石純 7498(28.20%)	楊政誠 4470(16.81%)
34	澎湖縣 3 選區	陳富厚 2238(43.77%)	陳定國 2006(補選)

編號	縣 (市) 選舉區	解職者 (票數 / 得票率)	遞補者 (票數 / 得票率)
39	台中縣 2 選區	林竹旺 (民) 8497(8.14%)	張豐奇 (國) 5462(5.23%)
24	高雄縣 2 選區	黃登丕 7516(8.82%)	吳文耀 6233(7.32%)
25	高雄縣 2 選區	何勝雄 6849(8.04%)	黃明河 6046(7.10%)
12	花蓮縣 8 選區	李春風 4172(56.25%)	黃輝寶 3245(43.75%)
20	花蓮縣 5 選區	周利根 1493(18.58%)	笛布斯・顗賚 1262(15.70%)
17	台東縣 4 選區	林惠就 3223(29.04%)	徐良坤 1904(17.15%)

註：1.以遞補席次多寡為序。　2.編號係遞補序。　3.桃縣 1 區遞補 4 席；竹縣 8 區、竹市 1 區和 5 區、投縣 7 區、中市 7 區、嘉縣 3 區、高縣 2 區、屏縣 6 區，各遞補 2 席。從上表發現，在桃園縣同一個選區 (第 1 選區)，連續 4 名議員遭到解職 (遞補)，可見賄選嚴重且檢調查賄積極。遞補議員編號 29 呂文華 2.87% 得票率，應是該屆全國最低得票率的議員。

因解職、辭職而造成補選的選區

編號	補選日 種類	去職者；遞補者（黨籍）；（關係）	編號	補選日 種類	去職者；遞補者（黨籍）；（關係）
1	2006.4.1 台東縣 縣長	吳俊立；鄺麗貞（無）；（國）（夫）；（妻）	11	2007.4.15 彰化縣（原）九區議員	張新男；陳榮妹（國）；（國）
2	2006.4.22 台東縣 成功鎮長	侯武成；侯武成（無）；（無）本人辭；再當選	12	2007.4.21 苗栗縣 頭份鎮長	蘇文楨；陳永賢（國）；（國）
3	2006.11.4 花蓮縣 壽豐鄉長	陳東海；邱美淑（國）；（無）（夫）；（妻）	13	2007.4.21 桃園縣 蘆竹鄉長	趙秋菉；趙俞菊蘭（國）；（國）（夫）；（妻）
4	2006.11.23 金門縣 烏坵鄉長	蔡元珍；陳興坵（國）；（國）	14	2007.5.12 基隆市 市長	許財利；張通榮（國）；（國）
5	2007.1.27 澎湖縣 三區議員	陳厚富；陳厚富（無）；（無）本人辭；再當選	15	2007.5.12 南投縣 仁愛鄉長	陳世光；張子孝（國）；（無）
6	2007.2.10 桃園縣 觀音鄉長	張永輝；黃茂實（民）；（無）	16	2007.6.23 台中縣 神岡鄉長	王堃棠；羅永珍（國）；（國）
7	2007.3.17 台中縣 霧峰鄉長	劉慶宗；林海清（國）；（國）	17	2007.7.8 台北縣 鶯歌鎮長	蘇有仁；蘇有仁（國）；（無）本人辭；再當選
8	2007.3.31 屏東縣 滿州鄉長	熊金郎；熊師範（無）；（無）（父）；（子）	18	2007.7.22 台北縣 林口鄉長	蔡宗一；蔡宗一（無）；（無）本人辭；再當選
9	2007.3.31 苗栗縣 苑裡鎮長	鄭文炳；林月珠（無）；（無）（夫）；（妻）	19	2007.10.20 台中縣 清水鎮長	顏水滄；顏秋月（國）；（無）
10	2007.4.15 彰化縣 線西鄉長	黃弘耀；蔡麗娟（國）；（國）（夫）；（妻）	20	2007.11.10 高雄縣 鳥松鄉長	林榮宗；張美瑤（國）；（國）（夫）；（妻）

編號	補選日 種類	去職者；遞補者 (黨籍)；(關係)	編號	補選日 種類	去職者；遞補者 (黨籍)；(關係)
21	2007.12.1 台南縣 柳營鄉長	黃國安；吳金松 (無)；(無)	25	2008.4.12 澎湖縣 3區議員	陳富厚；陳定國 (無)；(無) (父)；(子)
22	2007.12.22 台中市 (原) 7區議員	羅春華；溫建華 (國)；(國) (妻)；(夫)	26	2008.5.11 台北縣 烏來鄉長	張雲龍；張金榮 (國)；(國)
23	2008.1.19 彰化縣 溪州鄉長	王福元；呂爐山 (國)；(國)	27	2008.5.11 台北縣 瑞芳鎮長	顏世雄；顏世雄 (民)；(無) 本人辭；再當選
24	2008.1.26 雲林縣 斗六鎮長	張和平；張和平 (國)；(國) 本人辭；再當選	Ex	2006.3.11 嘉義市 立法委員	黃敏惠；江義雄 (國)(國) 非三合一的補選

從上表可發現，解職者與遞補者之間，大都不是本人就是家屬。

因涉賄判當選無效而補選的選區（依補選先後）

編號	補選日	去職者；遞補者（黨籍）；（關係）	編號	補選日種類	去職者；遞補者（黨籍）；（關係）
1	2006.11.4 花蓮縣 壽豐鄉長	陳東海；邱美淑（國）；（無）（夫）；（妻）	10	2007.5.12 南投縣 仁愛鄉長	陳世光；張子孝（國）；（無）
2	2006.11.23 金門縣 烏坵鄉長	蔡元珍；陳興坵（國）；（國）	11	2007.6.23 台中縣 神岡鄉長	王堃棠；羅永珍（國）；（國）
3	2007.2.10 桃園縣 觀音鄉長	張永輝；黃茂實（民）；（無）	12	2007.10.20 台中縣 清水鎮長	顏水滄；顏秋月（國）；（無）
4	2007.3.17 台中縣 霧峰鄉長	劉慶宗；林海清（國）；（國）	13	2007.11.10 高雄縣 鳥松鄉長	林榮宗；張美瑤（國）；（國）（夫）；（妻）
5	2007.3.31 屏東縣 滿州鄉長	熊金郎；熊師範（無）；（無）（父）；（子）	14	2007.12.1 台南縣 柳營鄉長	黃國安；吳金松（無）；（無）
6	2007.3.31 苗栗縣 苑裡鎮長	鄭文炳；林月珠（無）；（無）（夫）；（妻）	15	2007.12.22 台中市(原) 7區議員	羅春華；溫建華（國）；（國）（妻）；（夫）
7	2007.4.15 彰化縣 線西鄉長	黃弘耀；蔡麗娟（國）；（國）（夫）；（妻）	16	2008.4.12 澎湖縣 3區議員	陳富厚；陳定國（無）；（無）（父）；（子）
8	2007.4.21 苗栗縣 頭份鎮長	蘇文楨；陳永賢（國）；（國）	17	2007.4.15 彰化縣(原) 9區議員	張新男；陳榮妹（國）；（國）
9	2007.4.21 桃園縣 蘆竹鄉長	趙秋蓈；趙俞菊蘭（國）；（國）（夫）；（妻）			

上表所列其中有14個鄉鎮市長解職，依法應辦理補選；另3個解職縣議員，依法以遞補即可，卻因落選頭票數未達遞補門檻，只能辦理補選。

行政與司法的決心

行政院醞釀三合一選舉時(以往縣市長先選,兩個月後再選議員與鄉鎮市長),外界質疑,多項併選「賄選犯行恐將集中、有助賄選歪風」。為配合政策與釋疑,法務部隨即在 2005 年 3 月發布積極查賄宣示的新聞稿:

「將三種不同選舉合併……不論是否因此加重本部執行查賄之相關工作,本部暨所屬檢、調單位,定將全力以赴,並秉持一貫中立、公正之立場,於選前積極進行反賄選宣導,選舉期間則全面動員執行查察賄選工作,不分黨派、身分、地位,依證據從嚴從速偵辦,務使所有賄選犯行無法遁形,絕不容因選舉時程的改變,使有心賄選之人士有機可乘。」

當年 6 月,陳水扁總統邀民進黨籍縣市長和縣市黨部主委座談,與會人士表示三合一可能造成嚴重賄選,他立即指示「查賄不是選舉到了才查」、「即日起開始查賄」,當場指示由行政院長謝長廷主持查賄。

選前積極查賄,產生震撼作用,最有名案例是嘉義縣阿里山鄉公所課長杜力泉參選鄉長,該案偵審進度、選務作業程序日程如下:8 月 26 日杜力泉在餐廳辦參選說明會,被蒐證錄影。9 月 20 日嘉義縣選舉委員會發布選舉公告。9月 22 日嘉義地檢署起訴杜力泉等 26 人,成為嘉義首件賄選案。

9 月 30 日至 10 月 4 日候選人登記(共五天),杜力泉

未登記。10月28日嘉義地院判決杜力泉等26人有罪。杜某餐會被蒐證，停止競選活動，未前往登記，卻在登記截止前遭起訴，12月3日投開票日前，就被判決有罪，寫下查賄震撼案例。

南投縣竹山鎮長陳亮宏，於選前涉嫌補助里長出國旅費，2005年8月31日檢察官訊問後以15萬元交保，9月26日含淚宣布退選。10月12日檢察官起訴陳亮宏及24位里長，陳某求刑一年八個月。

2006年2月27日地方法院（法官廖立頓、謝慧敏與廖健男）、6月29日高分院（法官李文雄、黃永祥與邱顯祥）、10月5日最高法院（法官紀俊乾、黃正興、陳東誥、石木欽與李伯道），都判決無罪。

民進黨提名廖丁賜競選雲林縣議員。廖丁賜2005年4月爭取黨內提名。6月2日購買蒸鍋300個（每個250元），由鄰長分送選民。8月樹立看板、發傳單。8月30日檢調查獲，當庭認罪起訴，9月2日宣布退選。9月12日民進黨補提名廖丁賜女兒廖秋萍代父出征。

2006年2月27日地方法院（法官陳定國、李明益與王素珍）、5月23日二審（法官吳志誠、林勝木與蔡美美）、10月19日三審（法官呂潮澤、吳昆仁、孫增同、趙文淵與吳燦），都判無罪。

查賄都在法定競選活動期間，才有積極作為。過去不少案例，即使檢調證據確鑿，因行賄日期在競選活動之前，獲判無罪。2001年起，查賄已無法律假期，不但期前要辦，

任期屆滿前的「後謝」也要辦。

2008 年 8 月，台東縣補選的縣長鄺麗貞以觀摩歐洲產業之名，被懷疑「後謝」綁樁鄉鎮長，檢方以他字案偵辦。此案對規避「選前」、改為選後「後謝」的賄選模式，產生一定程度的影響。

選罷法官司，民事 (當選無效) 二審終結、刑事 (賄選) 三審定讞，民刑各自審理，時程雖不一，但三合一選訟案件，刑事案件大都遵守公職選罷法第 116 條，民事案件依照第 127 條所規範「各審六個月審結」、「速審速結」的目標。

但判決定讞時，如有以下情形，當事人會不服，外界也不解：

一、民事判當選「無效」(解職)；刑事獲判無罪。

二、民事判當選「有效」；但刑事判決有罪 (解職)。

三合一選舉賄選官司 民事、刑事判決不一的案例

	縣市議員		鄉鎮市長
1	嘉義縣 3 選區陳保仁 (無)	1	桃園縣觀音鄉長張永輝 (無)
2	新竹縣 8 選區朱有玄 (無)	2	台中縣霧峰鄉長劉慶宗 (國)
3	台南縣 10 選區蔡明甫 (無)	3	桃園縣蘆竹鄉長趙秋蒝 (國)
4	苗栗縣 5 選區陳添松 (無)	4	高雄縣鳥松鄉長林榮宗 (國)
5	桃園縣 1 選區黃景熙 (無)	5	嘉義縣大林鎮長李秀美 (民)
6	澎湖縣 3 選區陳富厚 (無)	非三合一：第十屆台北市議員陳淑華、第四屆高雄市長陳菊、第七屆苗栗縣立委李乙廷。	
7	新竹縣 1 選區張木海 (無)		

訴訟以「犯罪黑數」判決當選無效的案例

	縣市議員		鄉鎮市長
1	屏東縣第 6 選區董啓智（國）	1	桃園縣觀音鄉長張永輝（民）
2	台南縣第 10 選區蔡明甫（無）	2	高雄縣鳥松鄉長林榮宗（國）
3	台東縣第 2 選區曾宏賢（國）		
4	台南縣第 4 選區方一峰（無）		
5	苗栗縣第 5 選區陳添松（無）		
6	宜蘭縣第 8 選區劉石純（國）		
7	新竹縣第 8 選區陳文宏（民）	註：陳文宏之犯罪黑數判決係民
8	新竹市第 5 選區吳寶國（台）	事一審判決時。

一、屏東縣董啓智雖只被抓到賄選 300 多票（贏落選頭徐啓智 1175 票），以犯罪黑數理由被判當選無效定讞，依法解職。

二、台南縣蔡明甫雖僅買 30 多票（贏落選頭周獻珍 189 票），也是以犯罪黑數判當選無效遭到解職。

三、台東縣曾宏賢被判當選無效的理由：「查獲買票數雖比兩人差距票數小，但賄選本就難查，被查獲者只占實際比例小，有犯罪黑數存在。」

四、台南縣方一峰雖只送八個鍋具給選民（贏落選頭蘇秋金 191 票），雖一審判決當選有效，但二審改判當選無效，理由：「即使只被查獲八個選民，但考量犯罪黑數等因素，已影響選舉公平性與結果。」

五、苗栗縣陳添松被查獲規模估約 30 多票，雖贏落選頭 373 票，但因賄選涉刑責都隱密進行，查獲僅少數，依經驗法則，其行為足以影響選舉結果，也是應用犯罪黑數的判例。

六、觀音鄉長張永輝當選無效部分，地院判桃檢敗訴；高院認為，儘管收賄的選民只有七人，但已足以影響選舉結果，因此廢棄一審判決，改判張永輝當選無效。

　　遞補、又遭解職、又遞補的現象，發生於四個縣市選舉區，此特殊案例如下：

解職（遞補）議員之得票率與選區分布

縣（市）選舉區	解職者（票數/得票率）	遞補者（票數/得票率）
桃園縣 1 選區	黃景熙 7723(5.08%)	蕭大千 4701(3.09%)
桃園縣 1 選區	蕭大千 4701(3.09%)	呂文華 4363(2.87%)
台中市 7 選區	羅春蘭 408(47.94%)	黃仁 304(35.72%)
台中市 7 選區	黃仁 304(35.72%)	溫建華 273 票（補選）
南投縣 7 選區	謝汪汕 3535(48.67%)	張國華 2748(37.84%)
南投縣 7 選區	張國華 2748(37.84%)	缺額
澎湖縣 3 選區	陳厚富 本人辭	陳厚富 再當選
澎湖縣 3 選區	陳富厚 2238(43.77%)	陳定國 2006 票（補選）

遞補制度的盲點

　　桃園縣第一選舉區黃景熙議員涉及賄選案件，民事當選無效官司確定後，在 2007 年 10 月底，由蕭大千遞補。然而蕭大千在競選時，也涉及賄選案件，且其賄選案早已遭判決有罪定讞，由涉賄選案已判決確定者遞補，不合邏輯。桃園檢方隨即對蕭大千提遞補無效之訴，不久即遭解職。然後，再由呂文華遞補。

　　該選區查賄績效特優，計有四名議員因賄案或他件，先後遭解職：黃享欽、林政賢、黃景熙與蕭大千。由落選者依序遞補四名：廖輝星、黃智銘、蕭大千與呂文華。其中蕭大千先遞補、後再解職。

　　落選頭早因賄案遭判決定讞，卻可依公職選罷法第74條遞補，凸顯遞補條款有缺漏。幸檢方隨即提訟，迅將蕭某解職，再由落選者依序遞補，寫下地方自治史上「涉賄者解職、也由涉賄者遞補」、「涉賄者遞補不久又被解職」的首例。

　　南投縣議員第七選舉區候選人共三人，應選一席，依得票數高低：謝汪汕（無黨、3535票、48.67%）、張國華（國、2748票、37.84%）、卓上龍（無、980票、13.49%）。

　　謝汪汕雖當選議員，但因涉賄，深怕解職後，由該選區對手（落選頭）張國華遞補，於是在民事當選無效二審定讞判決前夕，先辭職造成缺額，盼以補選代替遞補。

　　因辭職在先、當選無效判決在後，缺額是該辦補選或遞補？由於遞補條款剛施行，並無前例可循，地方議會與內政部官員對法規見解有出入。

　　該案經內政部二度邀集學者、專家及中選會、法務部、行政院秘書處開會後，認為辭職之缺額，係因「經判決當選無效」之確定事實，故符選罷法遞補要件，應由張國華遞補。

　　張國華遞補後，遭同選區解職者謝汪汕、另一落選者卓國華聯手提「遞補當選無效」之訴，認為張國華也涉賄案。一審遭地院駁回，理由略以：「張國華當時賄選影響投票意

向的人數只有 11 人，而謝汪汕、張國華之間相差 787 票、張國華與卓上龍相差 1768 票，與被告張國華賄選影響票數 11 票相差甚鉅。」

但是 2008 年 3 月 19 日台中高分院二審見解完全不同，判決書內容略以：「…惟張國華於台灣省選舉委員會公告遞補為當選人之前，業經南投地院以 95 年度埔選簡字第 1 號刑事簡易判決，判處張國華對於有投票權之人，交付賄賂及行求不正利益，應執行有期徒刑一年、褫奪公權二年、緩刑五年確定。

依公職選罷法原法條第 103 條第 1 項第 4 款規定，張國華有同法第 90 條之 1 第 1 項規定之行為，有遞補當選無效之事由，且張國華在上開選舉委員會公告前，業遭法院宣告褫奪公權二年，尚未復權，自不符選罷法原法條第 68 條之 2 所規定之遞補要件。

謝汪汕與卓上龍為此依選罷法原法條第 103 條第 1 項第 4 款規定，提起遞補當選無效。原審（南投地院）認本件查獲所賄選之選民僅 11 人，尚不足以影響選舉結果，而判決駁回上訴人之訴，「於法尚有未洽，自屬不能維持。」

因此，張國華之遞補案，又被高分院判決遞補無效，必須由下一位落選者卓上龍遞補。但因 (1) 遞補人得票數低於當選人得票數二分之一（公職選罷法第 74 條），(2) 所遺任期已不足二年者（地方制度法第 81 條）。以上兩個理由，造成該席議員缺額不遞補、不補選。

2002 年台中市第十五屆市議員選舉，新增平地原住

民一席，六人參選，溫建華（國、139 票、26.63%）當選。
2005 年，溫建華欲連任，因前屆涉幽靈人口案，改推妻子
羅春蘭參選。該屆三人參選，得票高低序：羅春蘭（國、
408 票、47.94%）、黃仁（親民黨、304 票、35.72%）、陳天
斯（無、139 票、16.33%）。

　　羅春蘭當選後，因幽靈人口案，判當選無效定讞。第二
名遞補的黃仁，也涉幽靈人口案，遭羅春蘭提出訴訟，不久
後也判當選無效定讞遭解職。

　　黃仁解職，應由第三名陳天斯遞補，然其得票數尚不足
黃仁的二分之一（還差 13 票），依公職選罷法第 74 條不得
遞補，造成缺額；依地方制度法第 81 條規定，其缺額所遺
任期超過二年，應辦理補選。

　　羅、黃雙雙被判當選無效遭到解職，陳天斯除了票數過
低無法遞補之外，本身也涉及賄選案，並經台中地院、台中
高分院刑事判決有罪定讞。

　　同選區三人均違反公職選罷法，且分遭判決定讞，可見
三合一查賄的積極程度，當然也可看出地方選舉，候選人無
視法規存在，大家一起違法的嚴重程度。

　　該次補選於 2007 年 12 月 22 日舉行，有溫建華（羅春
蘭之夫）、楊壽兩人角逐，前者以 273 票對 211 票勝出。夫
妻一再涉案，也一再當選，更是民主奇觀。該次補選投票率
29.55%。

　　澎湖縣議員第三選舉區（白沙鄉）選舉，三人參選，
應選二席，得票概況：陳富厚（無、2238 票、43.77%）、

魏長源（國、1508 票、29.49%）、方榮一（國、1367 票、26.74%）。

陳富厚選議員、宋國進選鄉長，兩人「聯合配票、各自賄選」，雙雙當選，但也雙雙涉賄。鄉長宋國進刑事賄選一審無罪，檢方上訴遭駁回（維持無罪確定）；民事當選無效一審、二審都不成立（當選有效），官司全身而退。

陳富厚選前涉賄被通緝，當選後被收押，檢方提起民事當選無效。該案各審狀況如下：

刑事：一審有罪；二審有罪；最高法院發回；二審更審時仍判有罪。民事：一審當選「無」效；二審當選「有」效確定。民事係二審定讞。

陳富厚推測民事二審應該會判當選「無」效，於宣判前辭職，未料民事翻盤改判當選「有」效。因已辭職，缺額辦理補選，他乃再上陣，補選又當選，寫下一人、一屆、兩次當選的紀錄。

陳富厚二度當選後不到一年，刑事有罪定讞，遭解職，依法應遞補。但落選頭票數不足，又辦「補選」，他推 28 歲兒子陳定國代父出征獲勝。同一屆由父子當選三次，寫下新的地方賄選史的紀錄。

如果有選區的當選人因涉及賄選案件，遭到解職，因而造成補選，原本就不是很光彩的事。補選中的候選人本應規規矩矩的，至少也應對賄選這檔事戒慎恐懼才對。

桃園縣觀音鄉長選舉時，有兩人參選：張永輝（民）競選連任成功、黃茂實（無、原任議員）；前者得 15084 票

(54.13%)、後者 12781 票 (45.87%)，相差 2303 票 (8.26%)。

正式競選活動 (11 月 23 日) 尙未展開時，雙方陣營都涉賄選。8 月 4 日，黃茂實住宅、椿腳住處遭搜，查扣茶葉、洋酒，以 40 萬元交保。9 月 12 日，張永輝鄉長室遭搜索，也查到茶葉、洋酒，也以 40 萬元交保。

10 月 4 日 (登記截止日)，涉賄的兩參選人同一天被起訴，均各求刑一年六個月。這是檢方有意在兩人登記爲候選人後，立即起訴，讓雙方陣營對鄉長選局有所因應。但之前外傳兩人涉案後，均有意推太太代夫參選，雙方均未採行。

張永輝刑事判刑十個月，民事當選無效一審駁回。但民事當選無效二審成立定讞 (解職)，需辦補選。落選的張茂實再登記參加補選，但又涉賄遭起訴，檢方再提當選無效之訴，羈押八個月，200 萬元交保，當選無效一審成立。

三合一選後，藍綠在 28 個補選區提名與當選統計

中國國民黨提名 18 個補選區，提名率 64%。當選 15 席，提名當選率 83%。				民主進步黨提名 11 個補選區，提名率 39%。當選 0 席。			
補選選區 補選日期	國民黨 是否提名	民進黨 是否提名	當選人 登記黨籍	補選選區 補選日期	國民黨 是否提名	民進黨 是否提名	當選人 登記黨籍
成功鎮長 2006.4.22	未提名	未提名	侯武成 (無黨籍)	清水鎮長 2007.10.20	未提名	提名 (落選)	顏秋月 (無黨籍)
壽豐鄉長 2006.11.4	未提名	未提名	邱美淑 (無黨籍)	鳥松鄉長 2007.11.10.	雙提名 (當選)	提名 (落選)	張美瑤 (國民黨)
烏坵鄉長 2006.11.23	提名 (當選)	未提名	陳興坵 (國民黨)	柳營鄉長 2007.12.1	未提名	未提名	吳金松 (無黨籍)

觀音鄉長 2007.2.10	未提名	提名 （落選）	黃茂實 （無黨籍）	溪州鄉長 2008.1.19	雙提名 （當選）	提名 （落選）	呂爐山 （國民黨）
霧峰鄉長 2007.3.17	提名 （當選）	提名 （落選）	林海清 （國民黨）	斗六鎮長 2008.1.26	雙提名 （當選）	提名 （落選）	張和平 （國民黨）
滿州鄉長 2007.3.31	未提名	未提名	熊師範 （無黨籍）	烏來鄉長 2008.5.11	參提名 （當選）	未提名	張金榮 （國民黨）
苑裡鎮長 2007.3.31	未提名	未提名	林月珠 （無黨籍）	瑞芳鎮長 2008.5.11	提名 （落選）	未提名	顏世雄 （無黨籍）
線西鄉長 2007.4.15	提名 （當選）	未提名	蔡麗娟 （國民黨）	嘉市立委 2006.3.11	提名 （當選）	提名 （落選）	江義雄 （國民黨）
頭份鎮長 2007.4.21	雙提名 （當選）	未提名	陳永賢 （國民黨）	台東縣長 2006.4.1.	提名 （當選）	提名 （落選）	鄺麗貞 （國民黨）
蘆竹鄉長 2007.4.21	提名 （當選）	提名 （落選）	趙俞菊蘭 （國民黨）	基隆市長 2007.5.12.	提名 （當選）	提名 （落選）	張通榮 （國民黨）
仁愛鄉長 2007.5.12	提名 （落選）	未提名	張子孝 （無黨籍）	澎縣三區 2007.1.27	未提名	未提名	陳厚富 （無黨籍）
神岡鄉長 2007.6.23	提名 （當選）	提名 （落選）	羅永珍 （國民黨）	彰縣九區 2007.4.15	提名 （當選）	未提名	陳榮妹 （國民黨）
鶯歌鎮長 2007.7.8	提名 （落選）	未提名	蘇有仁 （無黨籍）	中市七區 2007.12.22	提名 （當選）	未提名	溫建華 （國民黨）
林口鄉長 2007.7.22	未提名	未提名	蔡宗一 （無黨籍）	澎縣三區 2008.4.12	未提名	未提名	陳定國 （無黨籍）

說明：1. 溪州鄉長因去世且非涉貪瀆而補選。
　　　2. 嘉義市籍立委因當選市長造成缺額補選。
　　　3. 民進黨瑞芳鎮長顏世雄，以無黨籍登記。

綠營補選未戰先降

　　民進黨在野時，每遇補選，集全國之力搶下的企圖心大又強，成績都不錯。呂秀蓮在桃園縣長補選時勝出並連任成功、無名小卒周家齊在台中縣補選國代時出線，都是明顯例

證。

　　民進黨中央執政，且該黨強力主導查賄，造成一連串（28場）補選，更強化「反貪、查賄」訴求。補選時，中央如適度揮灑「棒棍與胡蘿蔔」威力，配合文宣強項，選民會反應於選票上，絕對是補強、擴大基層版圖的好機會。

　　然而，反賄起家的民進黨，竟僅提名十一個，不到四成，六成選區未戰先降，非常對不起支持者。觀音鄉與瑞芳鎮都是民進黨長期執政優勢區，補選時，前者推薦陳奕欽，何以慘敗到僅獲 12% 得票率？後者未提名，支持辭職的黨同志顏世雄，雖再當選，但就職日隨即被停職，顯然不願面對黑金問題，裡子、面子全失。

　　民進黨推薦選區得票率分別為：嘉義市立委（48%）、清水鎮（38%）、神岡鄉（33%）、鳥松鄉（31%）、台東縣長（28%）、斗六市（27%）、蘆竹鄉（26%）、基隆市長（23%）、溪州鄉（20%）、霧峰鄉（18%）、觀音鄉（12%）。

　　中央執政的民進黨在補選無一勝出，可見黨內問題重重。從各推薦區得票率，看不出執政優勢，場場敗戰，也未見檢討補救迎接下一戰，更未見因查賄補選而帶來的反賄選氣勢。

　　補選中在野的國民黨，為穩固基層與士氣，努力經營每次補選，為緊接而來的立委與總統大選熱身，以台中縣三個鄉鎮長補選為例，泛藍戰戰兢兢，贏得一次比一次輕鬆。

　　反觀民進黨「中央忙經濟、地方分派系」，面對補選需損兵折將之事，則精兵迴避、二軍迎敵，黨內派系更對「小

官雞屁」懶到沒撿食的興趣，28 場的全墨戰績，基層已垮，也沒人說話一兩句。

　　在所有補選區的其中八個，國民黨與民進黨都未提名，以林口鄉長補選為例，兩大黨同時都未提名，還幫因涉圖利罪嫌，判刑九年遭到停職，以辭職姿態再度參選的蔡宗一站台。

　　《聯合報》記者如此形容：「蔡宗一成立總部，國民黨大舉動員，無黨籍、民進黨公職站台力挺，展現超人氣，有人形容像是在選縣長。」兩黨形同向黑金繳械輸誠，地方要角一起站台幫涉案者助選，全然失去檢警調反貪、查賄意義。

　　政治生菫不忌，已不分藍綠，兩黨爾後如再高唱反黑肅貪，基層鄉親可大言回曰：「誰會理你們啊！」不管是大選的二搶一，或者補選三人搶票，蔡宗一得票率始終如一，的確神勇。

　　最荒謬的是金門縣烏坵鄉長選舉，該鄉實際長住人口約 50 人，選舉人數高達 371 人，蔡元珍得 157 票（當選），陳興國 156 票，2 廢票，投票率高達 85%。

　　贏一票當選，但涉幽靈人口起訴 108 人，佔得票數的 69%，被判當選無效。補選時，選舉人數稍減為 355 人，陳興坵得 65 票（當選）、李毅強 26 票，1 廢票，投票率剩 26%。勝方人馬因搭上加班船而獲勝，輸的一方不服提告訴，指控對方違反選罷法。

　　鄉長得票數，比都會區的一個鄰的人口還少，兩岸已三

通，設鄉的政治宣示意義漸失，是否有繼續設鄉的必要，可重新考量。

新竹市第五選區議員當選人吳國寶（台灣團結聯盟），只因幽靈人口一人，即被判當選無效。其訴訟代理人顧立雄律師，逾期未遞狀聲請續行訴訟程序，導致二審被判當選無效定讞。

家屬參與補選 分類與勝負表

類型	補選日	去職者；參選者（關係）；（勝負）	類型	補選日種類	去職名；家屬名（關係）；（勝負）
本人	2006.4.22 成功鎮長	侯武成；侯武成 本人辭；當選	妻	2006.4.1 台東縣長	吳俊立；鄺麗貞 妻代夫；當選
本人	2007.1.27 澎縣3區	陳厚富；陳厚富 本人辭；當選	妻	2006.11.4 壽豐鄉長	陳東海；邱美淑 妻代夫；當選
本人	2007.7.8 鶯歌鎮長	蘇有仁；蘇有仁 本人辭；當選	妻	2007.3.31 苑裡鎮長	鄭文炳；林月珠 妻代夫；當選
本人	2007.7.22 林口鄉長	蔡宗一；蔡宗一 本人辭；當選	妻	2007.4.15 線西鄉長	黃弘耀；蔡麗娟 妻代夫；當選
本人	2008.1.26 斗六鎮長	張和平；張和平 本人辭；當選	妻	2007.4.21 蘆竹鄉長	趙秋蘐；趙俞菊蘭 妻代夫；當選
本人	2008.5.11 瑞芳鎮長	顏世雄；顏世雄 本人辭；當選	妻	2007.11.10 鳥松鄉長	林榮宗；張美瑤 妻代夫；當選
本人	2008.5.11 烏來鄉長	張雲龍；張雲龍 本人辭；落選	妻	2007.5.12 仁愛鄉長	陳世光；柯世梅 妻代夫；落選
子	2007.3.31 滿州鄉長	熊金郎；熊師範 子代父；當選	妻	2007.12.1 柳營鄉長	黃國安；李惠玉 妻代夫；落選
子	2008.4.12 澎湖縣3區議員	陳富厚；陳定國 子代父；當選	夫	2007.12.22 中市（原）7區議員	羅春華；溫建華 夫代妻；當選

　　全國遞補縣市議員最低得票率，則出現在桃園縣第一選區的呂文華。選輸了，得票率僅 2.87% 也有機會遞補。該區共四名議員下台，認真抓賄的附加價值真不少。

　　三合一任期內，已經有 28 場次的補選，由辭職者自己或推出家屬參與補選計 18 次（約 64%），當選 15 次（當選率約 84%）、落選 3 例，都是輸給原來的落選頭。

　　分成類型來看：一、本人辭再度參選 7 例，當選 6 例（當選率 86%）。二、妻代夫 8 例，當選 6 例（當選率 75%）。三、子承父志 2 例，當選 2 例（當選率 100%）。四、夫代妻 1 例，當選 1 例（當選率 100%）。其實，由去職者隱身幕後操作他人參選，或以利益妥協而退讓，所在多有。

　　而其中最特別的是高雄縣鳥松鄉長補選，五年內選過四次鄉長，都由林榮宗、張美瑤夫婦包辦。時程與結果如下：

　　2002 年 1 月 2 日第十四屆鄉長選舉，張美瑤當選（因之前擔任縣議員任內，在正副議長選舉收賄，判刑確定，遭到解職）。隔年 11 月鄉長補選，林榮宗當選（張美瑤的丈夫）。

　　2005 年 12 月 3 日第十五屆鄉長選舉，林榮宗連任（涉賄被解職）；2007 年 11 月 10 日鄉長補選，張美瑤當選（林榮宗的太太）。

第七屆立委選舉涉刑事賄選起訴案件統計表

民進黨 7 人	國民黨 (* 親)6 人	無黨 5 人
陳朝龍 - 落選 / 北縣	李乙廷 - 當選 / 苗縣	陳福海 - 當選 / 金門
杜文卿 - 落選 / 苗縣	廖正井 - 當選 / 桃縣	宋進財 - 落選 / 平原

黃宗源 - 落選 / 桃縣	江連福 - 當選 / 中縣	陳進丁 - 落選 / 彰縣
李顯榮 - 落選 / 北縣	* 林正二 - 當選 / 平原	蔡 豪 - 落選屏縣
廖本煙 - 落選 / 北縣	* 林春德 - 落選 / 山原	賴金明 - 落選 / 苗縣
王淑慧 - 落選 / 北縣	何智輝 - 落選 / 苗縣	賴金明為 大道慈悲濟世黨
李俊毅 - 當選 / 南縣	「*」為親民黨	

　　從此表發現，民進黨在涉賄起訴案件，首度超越國民黨與親民黨的總和。可證明政黨輪替之後，當掌握資源分配權的執政黨從政黨員，對勝選沒信心時，有樣學樣的做出不同模式的賄選行為，賄選已不是某個政黨的專利。

第七屆立委當選人涉民事當選無效之訴案件統計表

國民黨 (親)5 人		無黨 1 人
李乙廷(當選/苗縣/國)	廖正井(當選/桃縣/國)	陳福海 (當選 / 金 / 無)
張碩文(當選/雲縣/國)	江連福(當選/中縣/國)	
林正二(當選/平原/親)	選舉投開票日：2008 年 1 月 12 日	

註：張碩文僅家屬涉刑事賄選，本身只有民事當選無效之訴。

　　當選立委才有「當選無效」的問題，民進黨涉及賄選者大多落選，所以沒有當選無效問題 (該黨當選人唯一涉賄的李俊毅，直至 8 月 28 日才起訴，已逾提起當選無效之訴期程)。

法令修正的影武者

　　2006 年 12 月 9 日舉行的北、高兩市選舉，各有一名市

議員被判「當選無效」遭到解職：台北市第四選區議員蔡坤龍（民進黨），由林國成（親民黨）遞補；高雄市第五選區議員朱挺玗（無黨籍），由蔡武宏（無黨籍）遞補。

　　從數據與分析看，賄選對民主傷害之深，但政黨繼續推薦（支持）本人或家屬參選，涉案家族毫無愧意，選民一路擁戴到底，代表台灣的民主法治需要再教育，選賢與能的目標還要繼續努力。

　　1960 年代之前，在第三屆鄉鎮市長選舉，有 12 個鄉鎮市長被判決「當選無效」，其中八位涉案人又於「重選」時又當選，三峽鎮長林義補選推女兒林雪美也當選。

　　這種合法但不符民主法治的場景，歷經數十年依舊不變。對照三合一任期內，已經有 27 場次的補選，由辭職者自己或推出家屬參與補選計 18 次（約 67%），當選 15 次（當選率約 84%）。

　　政府如何強化民主法治教育？社會輿論如何有效遏止賄選風氣的盛行？選民如何在投票行為減少感性成分？法治教育工作，需要政府、社會、選民同步推動，司法的「速審速結」才有意義。否則，數十年如一日，民主依舊原地踏步，政治風氣仍然敗壞，法治蕩然無存。

　　三合一選舉涉賄案者，均依公職選罷法第 74 條：「地方民代解職、遞補。但是立委涉賄如遭解職，不能遞補，需辦理補選。」立委諸公盤算單一選區如遞補，把權位平白送給同選區的最強對手，下次要扳回很難。

　　依照三合一補選實證，如辦理補選，推出家屬的當選率

有 83%。同樣是民代，同樣遭到解職，立委獨享「補選」特權，很不公平。各大政黨有責任修成一致性。

其次，地方制度法第 81 條：「地方民代所遺任期不足二年不再補選。」公職選罷法第 73 條：「區域立委所遺任期不足一年不予補選」。立法委員、直轄市議員、縣市議員與鄉鎮市民代表，都是民意代表，任期均爲四年，立委於遞補條款已享特權，所遺任期應補選又多出一年。

立委諸公盤算立委權限大，由家屬補選勝出，如能多任一年，掌控政治資源就多出一年。這又是同樣是民意代表之中，立法委員卻有獨享的特權，不公平。各大政黨也有責任修成一致性。

第七屆立委選前，在立院壓力下，法務部「賄選犯行例舉」增列「下列情形尚不足以構成賄選行爲」共五點。其中第一點：「參與民俗節慶、廟會、婚喪喜宴，贈送禮金、禮品顯與社會禮儀相當者」，就不構成賄選。

如查到參選人、樁腳，利用婚喪喜慶送禮 600 萬元，辯護時提法務部所訂此點，因模糊空間大，偵審定罪難。難怪立委選舉查賄成績不顯著，因此恢復之前行之有年的查賄標準即可。

立法院於 2008 年 11 月 22 日將公職選罷法第 127、26 條修正草案，在國民黨主導、民進黨缺席下排入院會。前條欲將選舉訴訟，由目前的二審確定改爲三審定讞；後條，將讓「買票掮客、暴力樁腳」等前科犯，放寬資格限制，讓其可登記爲候選人。

　　上開兩法條，前者讓涉賄當選人於任期內逍遙自在，官司終審遙遙無期；後者讓以後的競選拉票，採用拳頭壓制代替口頭說服的案件，將數倍成長。

　　傳統綁樁型的立委，把第 127 條看做眼中釘，是因爲該法規定：「二審定讞」、「各審六個月審結」，即俗稱速戰速結條款。在三合一選後，完全發揮並見績效，已有 37 名縣市議員解職（落選頭遞補）；14 個鄉鎮市長解職（已補選完畢）。

　　該法條危及立法院部分委員，因 2008 年 1 月立委選後，涉賄刑事起訴的候選人共 18 人（綠 7、藍 6、無黨籍 5)，其中有 16 名是前、現任立委。民事方面，藍營有 5 人被檢方、1 人被落選人提起當選無效之訴，其中，苗栗縣李乙廷於 2008 年 12 月 10 日由台中高分院判決當選無效定讞。

　　該法二審定讞的規定，讓上述涉案人須跟時間賽跑，如不儘速修法，落選人需立即入獄、當選人遭解職（補選），且刑事如判有罪還需入獄，故藍營部分立委不顧社會觀感與民意，欲提案偷渡。

　　至於雲林縣立委張碩文案，檢方以本案係「張輝元」賄選，並非張碩文，不符提當選無效要件。故「刑事」未起訴他，「民事」也未對他提起當選無效之訴。

　　幸有同選區的落選人劉建國，提起民事當選無效之訴，且因張碩文父親張輝元涉賄被收押、起訴求刑三十年、1000 萬元交保，其賄選有組織、有計畫、規模大，樁腳涉賄多達 15 件且多數一審均判有罪。雲林地院判決當選無效，證明

檢方見解有誤。

　　涉及選罷法的案件，如從二審、不得上訴的條文，改為三審、可上訴，則類似台中市議長郭晏生賄選案，纏訟十三年的情形將處處出現。賄選案件如果無法在任期內審結，查賄也失去意義。

　　至於修改第 26 條，讓涉「買票掮客、暴力樁腳」，被判易科罰金者，可放寬登記為候選人。涉犯上述行為者，不外是立委的大樁腳，開放讓這些人參選，在基層當選民代後，幫立委走攤跑腿，可以強化立委的選區經營，對立委政治版圖的鞏固幫助很大。

　　但回顧該條文於 1983 年增列「買票掮客、暴力樁腳」不得登記為候選人的立法，意旨為「防止賄選，端正選風」，如果又改回去，則民主倒退數十年。

　　故修改 127 條、26 條，前者係幫立委同仁解套、後者要幫立委樁腳鬆綁。修改選罷法的提案，在各界關注之下，藍營終以「社會觀感不佳」暫緩。

第六章：
抓鬼苦行僧
——從法堂到課堂

無良的司法人員

　　查賄績效全國冠軍的雲林地檢署檢察官徐維嶽，涉多起貪瀆案件，雲林縣至少有 10 名縣議員、多名鄉鎮長及代表會主席，是其操弄司法下的受害者，非法所得少說超過一億元。

　　法務部頒訂「檢察及司法警察機關偵辦第六屆立法委員選舉賄選案件獎金核發要點」時，依據該要點，檢察官每案至少可領 50 萬元。

　　徐維嶽爲貪圖查賄獎金，唆使其二哥徐寶瑩的女友張秀嘉當檢舉人，指示嘉義市警局偵查隊長林瑛錫、偵查小隊長吳嘉財等人製作假筆錄，誣賴虎尾鎮惠來里長周世龍爲立委陳劍松賄選，依濫權追訴罪求刑四年、一審判五年、二審判四年。

　　承審台南縣議長連清泰、副議長周五六賄選案的台南高分院法官徐宏志，涉嫌由周妻利用打麻將的洗錢手段，將 1000 多萬元疑似用來換取判決無罪的賄款，送給徐宏志。

　　經查緝黑金專組檢察官曾昭愷蒐證，查出周妻疑以洗錢

方式把賄款轉進徐宏志的帳戶。檢方決定聲押徐宏志，依貪污治罪條例提起公訴，且以徐某身為司法人員不知檢點，請求加重其刑。

「鼓勵檢舉賄選要點」第5點規定：「受理檢舉機關對於檢舉人之姓名、年齡、住居所等足資辨別其特徵及檢舉內容等資料，應予保密。對於檢舉人之檢舉書、筆錄或其他有關資料，除有作為犯罪證據之必要者外，應另行保存，不附於偵查案卷內。」

但在2001年第五屆立委選舉時，一件檢舉原住民候選人賄選案件，台北高等行政法院於受理「檢舉獎金」案件時，將賄選案檢舉人曝光。

雲林地檢署檢察官蕭敦仁，被控於1997年偵辦林內鄉農會理事長詹益勳涉嫌賄選案時，涉嫌收受由林內鄉農會總幹事張坤霖轉交的賄款20萬元，而將該案予不起訴處分。

一審被告除張坤霖被依詐欺罪判處二年八個月徒刑外，其餘三人包括蕭敦仁、詹益勳、農會祕書蔡樹林，均因事證不足而判決無罪。

檢方提上訴，台中高分院原審推翻一審認定，認為蕭敦仁確有違背職務收賄行為，判處八年徒刑；更一、更二、更三審也認定有罪，判處七年二個月徒刑。

案件發回台中高分院更四審，法官認為就案件不起訴部分，蕭敦仁並無違背職務行為；但張坤霖找人送錢給蕭敦仁，貪污事證明確，仍依貪污罪判處七年二個月徒刑。

檢察官宋宗儀於1997年嘉義地檢署任內，偵辦鹿草鄉

農會前總幹事王茂雄賄選案時，收受王的兒子王榮聰賄款300萬元，將應收押的王茂雄交保。宋宗儀因收賄，二審判十三年、褫奪公權十年。

調查局台北市調處南港站組長陳建初，涉嫌於2006年台北市議員選舉時，兩度將候選人被檢舉涉及賄選情資洩漏給候選人陣營。包括現任市議員李銀來及林瑞圖競選總部幹部都接到他的電話，告知兩人被民眾檢舉涉及賄選的情資。

第七屆立委選舉，彰化縣的查賄績效差，檢方意外發現，在查賄監聽中，有某高階警官與查賄對象密切聯絡，疑有洩密，檢方要此警官休假並偵辦。

查賄小組陳德芳檢察官表示：「地檢署布100顆地雷查賄，也比不上對方在我們這邊布一顆，難怪查半天都是空包彈。」

在台北縣，北檢指示新店警分局江陵派出所警員陳寶元，調查一件候選人疑似招待選民出遊賄案，他懶得查，自行製作兩名里長的查訪報告和簽名想蒙混過關。

檢察官傳訊里長複訊，兩人不但否認參加出遊，更否認接受陳寶元查訪；檢方將警員依偽文罪起訴。

在嘉義縣，律師唐淑民受委託辯護賄選案，涉嫌竄改繳息通知單的數字，法院審理時，被公訴檢察官發現而起訴，一審判決六個月。

台南市長許添財在市務會議，公開要求市警局接到民眾檢舉賄選，絕對不能吃案。他表示不只一位市民向他反映，向檢警檢舉，事後都抓不到，不是候選人沒到場，就是原本

請客、送禮的活動突然宣布取消。主辦單位還不避諱地公開表示，因有人檢舉，所以不能送東西。

重賞有勇夫，政府為鼓勵檢舉賄選，訂出舉世無雙的高額獎金，例如檢舉立委賄選，獎金 1000 萬元，檢舉候選人親戚 100 萬元；發放分三階段，起訴發四分之一、一審有罪四分之一，有罪定讞再發二分之一。

如此重金是否會招來另類「勇夫」，以人頭登記，演出行賄情節，然後檢舉據以詐領獎金？其實並非不可能，但必須精密分工、套招，否則以目前偵查技巧，很快被識破。但更關鍵的是人性，貪贓枉法是人性本能，而事情會曝光，也是因為共犯分贓總覺不均的人性。

南投地檢署檢察長楊治宇就指出，賄選刑度三年以上、十年以下，詐領要付出高代價，他不認為有人會為獎金而甘願入獄。

但在第七屆立委選舉，「大道慈悲濟世黨」推薦賴金明在苗栗縣參選，落選且僅得 335 票。他於 2007 年 12 月 5 日在苗栗市「香江樓」一桌花費 3600 元宴請選民，遭以涉賄起訴。

如官司定讞，檢舉人可獲獎金 1000 萬元，他被懷疑串通牟利，喊冤說：「我根本沒賄選，也沒這麼傻，自己坐牢讓人得利。」

苗檢主任檢察官蔡宗熙指出，當初在宣導反賄選，就是以檢舉買票領獎金，比買樂透還好賺為宣傳訴求，希望重賞之下有勇夫。

苗栗檢方建議提高給獎門檻，被檢舉賄選的候選人得票數，應至少達到保證金不被沒收的票數才發放，以避免發生像賴金明案「平均一票值 3 萬元」的不合理現象。

此次立委選後，檢方起訴 4 名候選人，除了賴金明，還有國民黨何智輝與李乙廷、民進黨杜文卿。巧的是，只有賴案是具名檢舉，何、李兩案是匿名檢舉，若都判決確定，國庫則省下 2000 萬元。

千奇百怪的司法判決

1994 年彰化縣議長賄選案，台中高分院經審理後，撤銷原判決改判，24 名被告中，除議長白鴻森及議員詹孟訓、洪文哲 3 人不得緩刑外，另外 19 名議員因佔議員總數達五分之二，「如均須服刑，勢必補選，造成大量人力及物力的損耗。」審判長陳志光「為使傷害減至最低」，乃均予宣告緩刑。

國家能培育出如此憂國憂民的法官，實在非常難得。若到司法院網站，打開各地、各級審的賄選案件判決書，無論判有罪或無罪，其理由千奇百怪，不一而足。

令人想不到的，司法專業人才都能用文字表達得很清楚，娓娓道來，精彩無比，曲折描述不輸科技小說，信不信服都沒關係，反正判了就算。法官依法判決即可，判決書不該編撰富創意的理由。

2008 年 7 月，嘉義縣大林鎮農會總幹事簡忠男屆齡退

休，竟由他擔任農會秘書的「妻子」何麗森代理總幹事。同年 11 月，布袋鎮長蔡啓東病逝，縣政府派蔡啓東的「妻子」英文行代理鎮長，外界質疑「世襲」，相關代理規定，足留政治人物玩文字遊戲空間。

該年 7 月，大林鎮長民事一審判決當選無效，但二審改判當選有效；刑事賄選判決有罪定讞，因任期未逾二年不補選，嘉義縣政府竟然指派李秀美的女兒黃貞瑜，出任代理鎮長。

大林鎮公所、鎮農會的首長，同時都出現代理，可說是民主時代的巧合，法治年代的奇觀。而上述三案，確無不法，但內政部也認為確實不宜，因為社會觀感不佳。鎮長媽媽涉賄選下台，未經補選，直接由女兒上台代理，嚴重打擊檢警調的查賄士氣，以後還需要查賄嗎？

1994 年法務部長馬英九查賄積極，全國大半縣市議員涉入，雖然轟動，但偵審拖延太久，最後大都不了了之。以台中縣為例，競選正副議長的司法訴訟，終審時雙方都沒事，失去查賄意義。

2004 年法務部長陳定南表示，第六屆立委選舉被英國金融時報評為「台灣有史以來最乾淨選舉」，但泛綠席次未過半，也因選前偵辦不少綠營疑似涉賄案件，民進黨黨團指責陳定南轄屬的檢調，故意對綠營吹毛求疵、栽贓。

行政院長游錫堃也公開批評「檢調方向不對」，之後，陳定南黯然辭去部長，回鍋參選宜蘭縣長，差距 8000 多票落敗，選後不到一年即病逝。

如以查賄結果論，史上查賄績效最好的要算 2005 年三合一選舉，除了檢警調賣力外，居功厥偉要歸領軍查賄的檢察總長吳英昭，他查賄不分藍綠。但關鍵原因是：「綠營選成這樣有什麼用？」意即綠營選戰成績差。

民進黨中央認爲敗選的六大原因之一，指向檢調查賄不力，使吳英昭總長萌生辭意。陳水扁總統也公開批評檢調查賄不力，所以吳英昭選後只好辭職走人。

顯然台灣的執政黨與政治人物，應有前瞻性。眼光與改革政治胸襟，積極推展反賄選，才能使民主政治更上一層樓。

向不當體制討公道

從國小教師退休後，有幸以同等學歷考上東海大學政治系碩士班，跟年輕學生一起受教。因法政訓練仍有所不足，我當年僅從媒體下載蒐集資料，正確的官方資料闕如。

爲何要反賄選？爲何大部分民衆不願配合政府反賄選？我沒機會做檢舉賄選者的深度訪談，難以探究其內心世界爲何？或許對台灣選風有興趣者，可以用心找到案主，對檢舉者做系列深度訪談。如能配合心理學領域的學者，進一步深究其行爲的社會意義，應該對賄選文化的研究有所貢獻。

在整個結構難以突破下，官官相護的體制，讓我眞正驗證「賠了夫人又折兵」的古訓。關心反賄選運動數十年，本身參與兩案的過程與訴訟，確實體會個人要向不當體制找公

道，幾乎不可能。

　　如果像兩位勇敢而公開的檢舉者領獎時，都會碰到如此艱難障礙，當然會懷疑法務部一再吹噓的「抓鬼獎金已核發4億多元、立委選後破5億元」！

　　在檢警調以「依法保護檢舉者」美名掩護下，因為都是秘密給獎，5億獎金是否如實核發？不無疑問。因為檢舉者怕人報復，獎金被坑又能奈何！

　　隨著社會型態變化，賄選手法日新月異，買票更加多元精進。為了建立清廉政風，讓賢能出頭，民主道路還很漫長，有志之士只要有憑有據、只要資料齊全，可讓所在選區的金牛「當選無效」。

　　關鍵的鐵證舉發即可改寫當地的政治版圖，可讓在地政治勢力翻盤。反賄選舉發行動，是溫和的寧靜政治改革，有待更多人勇敢投入。有志者甚至可組小團體，平時拿出個案切磋砥礪，準備把握住隨時到來的抓賄機會。

　　「道高一尺、魔高一丈」的窘境，是全世界民主國家以及重視人權、講究程序正義的社會共同難題，台灣也不例外。平心而論，目前查賄要單獨靠政府的作為，來產生全面性嚇阻作用，或將賄選的候選人全部繩之以法，根本是不可能的任務。

　　要杜絕賄選、淨化選風，首先必須全民同心協力一起拒絕賣票。而釜底抽薪、一勞永逸的根本之計，就是大家發揮道德勇氣，隨時挺身而出檢舉賄選，使候選人與樁腳不敢上門行賄，而不是一味苛責檢警調人員或怪罪法務部。這是前

法務部長陳定南生前的肺腑之言。

徒法不足以自行，雖然三合一強勢查察賄選，也得到一定的成效，造成全國諸多補選與遞補案例，給黑金與樁腳上了一堂震撼教育。但補選時，辭職者再度參選，或派家屬替身登記，幾週之後，依舊風光當選，重返原職。

民眾用選票打擊檢警調的查賄士氣，也讓關心民主政治的國人傻眼。台灣諸多經濟指標已列先進國家之列，但民主政治水平，尚難跟上經濟與科技腳步。

追根究底之道，要加強落實民主法治於各階層，要把反賄選的大義，從生活教育著手。從司法人員到市井小民，從幼稚園到大學，從家庭到社會，都要重新徹底再教育。

期待選民的覺醒

政治學教授蔡啓清有一句話歷久彌新：「如何透過教育的力量，使新生的選民能夠知道愛惜他們的選擇權，使他們作投票決定時，不再是盲從或基於人情。」

而檢方對賄選案件，除刑事偵查起訴外，對於民事當選無效之訴的提起，也應特別留意。以第七屆立委一審判決爲例，如果被駁回，是否意謂著檢方在拼升遷、衝業績？例如金門縣籍立委陳福海案。

如果該主動提訴，卻幫被告找理由而未提，反被落選人提起，而當地院判出「當選無效成立」的結果，是否隱含檢方對案情認知與解讀有嚴重錯誤？或者是縱放？例如雲林縣

立委張碩文案。

　　至於對檢舉賄選獎勵案件的審核，承辦案件的官員對法條應該熟悉，對要點獎勵的精神要了解，對各種沿革更應「版本具全」。

　　否則類似王敏色申請獎勵案，台中地檢署一錯再錯，就是不認錯，如此一來，造成選民對政府獎勵賄選的信心動搖。而柴德長向縣府申請 200 萬元獎金，不但沒領到，還纏訟七年，更賠上數十萬元訴訟費用，「抓鬼給獎，真的見到鬼了！」

　　每次大選前的反賄選宣導，除了媒體宣傳之外，各地檢署的宣導，如果能像苗栗地檢署檢察長劉家芳，帶領同仁分頭出席村里民大會，主動出擊、行動宣導，以野台戲、賣蒜頭精、打游擊的方式，親切貼近選民，效果會比舉辦傳統社區座談會好。

　　例如台中地檢署在烏日國小禮堂舉行「反賄選座談會」，動員烏日、大肚、龍井的村里長、民代、社區理事長等上百人，縣議員只有吳瓊華一人參加，她見此狀也只好提前離席。可見民主時代舉辦應付、樣板的活動，難以發揮效果，只是消化預算、浪費公務人力而已。

　　教育選民於投票時，理性要超越感性，要有法治觀念，民主的觀念與投票的行動要一致，推動反賄選才能看到成效。

　　年少時，我因家計因素，無法唸高中、大學；就業後，又因家庭、工作與健康等因素，無奈暫停東海大學夜間部的

課程；退休後，能重拾書本，有感觸、有歡喜。

感謝東海大學，讓我徜徉在美麗的校園前後 27 年；感謝政治系，訓練我思考、學習資料整理的方法；感謝系上蔡啓清老師、傅恆德老師、宋興洲老師、王業立老師、許湘濤老師、任冀平老師、陳陽德老師、范光煥老師、黃信達老師與系辦學長姊的教導與鼓勵。

感謝家人的體諒，給我這段悠閒自在的學習歲月；感謝小論文評論的劉兆隆教授、論文口試召集人游清鑫教授的指導。

感謝台灣島上的國民，數十年胼手胝足奮力向前，創造經濟與政治奇蹟，讓教育制度同步改革，提供多元教育機會的平台，讓赤貧家庭的孩子，於「知天命」之年，還有機會到學術殿堂學習。

憶起 1981 年就讀東海，披星戴月、行色匆匆；2003 年再回東海，這時放慢步伐、細細品味。社會場景變化快，母校景觀也大不同。

小時候目睹賄選，見怪不怪；成年後，目睹票蟲與票鼠囂張，體會黑金惡霸踐踏選風，而政治掮客倚仗權勢魚肉鄉民。對於賄選，起初是懵懂近身觀察，進而以行動揭發，最後回到校園探究原委。

數十年的觀察、舉發、宣導、心得交換與撰稿投書等行動，謹盼社會與政府留意選風，希望民主政治循序漸進。個人所爲之反賄行舉，即使螳臂擋車，常常以不可氣餒來自我惕勵。

關心反賄選的敏感事務，感謝家人體諒！感謝師長教誨！特別感謝一生奉獻在「政黨與選舉」領域的蔡啓清老師，對我耐心的呵護與指導。

第七章：
評論集

讓孩子做「反賄選」尖兵

　　去年底的第三屆立委選舉，法務部長馬英九放下手邊政務，風塵僕僕到各中小學宣導反賄選，觸動我回想了一件往事。

　　六年前，我與「台中縣反賄選運動促進會」會長蔡百修，成立全國第一個反賄選民間團體（俗稱抓鬼隊），並擔任義工秘書。對於反賄選的宣傳，多年來也因任職梧棲鎮永寧國小（社會科教師）的關係，在課堂一直積極宣導「乾淨選舉救台灣」理念。

　　但是，新校長二年前剛到任時，學校家長會就急於向校方施壓，派人到校長室約談我，當面告誡說在純樸的農村裡，為了提高投票率，部分家長兼椿腳是「為地方謀福利」。他們希望我以後不要對學生實話實說，更不要宣傳椿腳不喜歡的「謬論」，因為天真的兒童果真會舉發父母買票，出現遭檢方押辦的反倫常事件。

　　我當時提出行政院的「鼓勵檢舉賄選要點」政令，回拒家長會委員的建言，僅同意宣導時注意用字遣詞。而如今馬英九的「不務正務」，讓我在課堂上可以更名正言順、實話實說，教導孩子做反賄選的第一線尖兵。

　　因為根據檢調單位指出，台中縣部分證據確鑿的賄選案，是「小兵立大功」。我認為孩子是國家社會未來的希望，不敢對孩子說實話，就不夠格當老師，所以我將繼續秉持良心，宣導反賄選理念。

（民眾日報 1996.1.13）

賄選犯被縱容被表揚？

　　歷屆選舉，民進黨在縣內的得票率與當選席次，都不太理想。但在反賄選方面，由於街頭運動早已培養出有默契、勇於出生入死的同志們，彼此秘笈相傳與互相奧援下，每次選舉都寫下輝煌一頁，不但抓鬼戰績彪炳，更帶來荷包滿滿的附加價值。

　　在我們一邊勤於配合政府抓鬼之際，執政的國民黨卻一邊縱容與鼓勵，舉最近剛發生的兩個例子：

　　一、在 6 月 1 日大肚鄉因藍綉鳳議員涉賄選案，該鄉第一選區鄉代何金福也涉案，經三審定案而補選，何金福推出其妻參選，本黨也推出盧勇局應戰。該案經拘提不到，已發出通緝，分局與分駐所警察卻放縱罪犯輔選、拉票，並在投開票當天前往投票。管區警員一再視而不見，讓他（以假被害者身份）博取純樸村民同情，混淆視聽與社會價值觀。

　　二、第二屆立委選舉時，全國第一件賄選案發生在大里鄉，瑞城里長楊玉樹幫候選人林耀興買票被逮，數家報紙以頭版頭條處理。今年台中縣表揚特優村里長時，楊玉樹卻名列其中。

　　無獨有偶的是，大里鄉祥興里長陳朝火，1993 年涉嫌替縣長候選人廖了以買票被起訴，也在特優表揚之列。這兩

件案例，都違反現行選拔特優村里長的規定。

　　國民黨以我們的稅金當抓鬼獎金，以貪污的錢來買票，被抓後，再以行政之便縱容與表揚，實在讓人受不了。抓鬼隊不但發表不滿聲明，更到警察局與縣政府抗議。

　　我們的努力還不夠，方法太斯文，才會造成上述效應，盼望本黨同志積極投入反賄選的行業。

　　　　　　（台中縣民進通訊 1996.7.15，蔡百修口述，王洲明執筆）

通訊投票可鑽漏洞

　　中央選舉委員會專案小組決議自後年起採行「不在籍投票」，在國人投票行為尚充滿著以省籍、地域、宗親、人情、金錢交易等因素的影響下，這種投票方式是在投開票日前就先行圈選郵遞投出，以台灣四十多年的選舉經驗中金錢、暴力介入甚深，屆時類似股票市場上到家收購委託書的模式是可以預見的。

　　如果政治也歸入 365 行的話，選舉買票可以說是相當精密「人際脈絡工程」，第三屆立委選舉時，在台南市的候選人王滔夫賄選案，被起訴、判決的內容與涉案人數之龐大，就可見一端。

　　如果不在籍投票在立法院通過的話，這些選舉人必須在大選投票日前就收到選票，選舉樁腳一定可以透過任何管道拿到通訊投票的「選舉人名冊」，並且可預見的會以股票大亨收購委託書模式，按址尋人的將選票「目視圈選」給其推介的候選人，且熱心幫選舉人投遞，比現行投開票當天派出樁腳在投開票所前，威脅利誘拿錢的選民「秘密」投票來得有效。

　　軍營裡有來自各縣市的選民，在 1998 年省市長實施通訊選舉時，也同時要選出省市議員，如何讓來自「四面八

方、有約而同」的眾多候選人，從事宣傳活動而不影響防衛勤務，立法單位與選務單位都要從長計議，軍事單位也很難應付這批各黨派選戰經驗豐富的民主怪傑。

選票因要提前寄出，所以要提前印製，保管的人力花費要增加許多。統計不在籍人數、彙整、歸類、寄發、收回，再歸到各縣市之各鄉鎮市的各投開票所開票，主辦的基層選務人員想到此可能就開始難以入眠。台灣特有的選舉文化，要引進西方行之有年的「不在籍投票」，狀況一定不少！

（中國時報 1996.7.21）

有罪民代空降不敢抓

　　日前台北高等法院首度認定「幽靈人口」有罪，雖然各檢院執法人員對此尚莫衷一是，但此一務實的判例引起各界討論，應有導向正面判決的作用。在抓幽靈人口之際，檢調就各政黨中央民代空降候選人，也應一併查辦，始有風行草偃的作用。

　　為了支持至親好友參選，寥寥幾位提前偷偷的、陸續的，以各種名目（如置產、就學）遷入，當無可厚非。然而1998年6月13日基層村里長與鄉鎮市民代表選舉時，高雄市鹽埕區博愛里幽靈人口超過原住人口，檢警宣示將於投票日派警方當場全程錄影蒐證，以利事後查辦，幽靈人口依舊魚貫入場投票毫無懼色。

　　黑金政客遊走法律邊緣，以此刁鑽手法選舉，選務與執法機關如再無動作，幾年後的選舉，尤其是基層的選舉，你能想像嗎？

　　人民之敢無視法律存在，應與各政黨候選人推出空降部隊有關。國民黨章孝嚴、胡志強、蕭萬長；民進黨施明德、洪奇昌、陳菊；新黨謝啟大、馮定國；無黨籍陳婉眞、朱高正。這些人雖然與該選區有點淵源（如短暫的童年、就學或就業），但台灣就這麼一點點，以東拉西扯沾到邊，就落

落大方的空降參選，且人民不以爲意的高票讓其當選（或連任）。

　　以前政治不上軌道或某種原因致一將難求，尙情有可原，但今日政黨政治已見雛型，人民法治觀念已漸確立，選票應投給關懷社區的好子弟，始能反映本地的聲音。

　　對於未眞正落籍的各黨派的幽靈候選人與當選人，選務與檢調機關應考慮比照幽靈人口查辦，否則只准州官放火的司法判決，在有樣學樣的情形下，將無法嚇阻幽靈歪風。

　　省縣自治法第 57 條第一項第六款：戶籍遷出六個月以上應解除職務的規定。此條係各黨派聯手作弊的自肥法條，這讓幽靈候選人可隨處入籍四個月後取得參選資格，當選就好，如落選馬上遷回原籍，尙能確保原職位。此不公平的法條，也趁機修了吧！

（台灣日報 1999.7.17）

速審涉賄選案立委

　　國民大會跨黨派團體「新世紀問政聯盟」謝仲瑜等七位代表，於 6 月 24 日拜會司法院秘書長楊仁壽，要求各級法院應趁立法院休會期，速審涉刑案立委。消息登上了報紙，記者並統計現任 225 名立委中，有 24 人列名刑事被告。

　　然而，核對本人手中數位涉及賄選案的立委，卻都未在名單之列，令人懷疑長期以來，民意代表除了是司法的化外之民外，立委涉賄選案是否為刑案中的化外案件？

　　個人投入反賄選工作，已十年之久，雖居於偏僻的梧棲鴨母寮，幸能有當代通訊科技器材與反賄選的勇士們聯繫，且紀錄成文字，經常將台中縣抓鬼隊事蹟披露於各媒體，也認真蒐集其他縣市賄選案例做為參考。

　　在我的剪貼簿上就有兩件賄選案共 10 名立委，未在媒體刊載的 24 名之中，分別是 1994 年第十屆省議會副議長楊文欣案、1997 年第十三屆台中縣長候選人郭榮振案。

　　楊文欣案有 9 名被告目前擔任立委：楊文欣、黃木添、邱鏡淳、盧逸峰、曾華德、林進春、方醫良、楊仁福、劉文雄。（本案另有蘇文雄當選雲林縣長、呂進芳任台灣省諮議員、黃永欽去世、陳照郎落選，盧逸峰則被列入台銀超貸貪污案，非賄選案）

　　郭榮振（現任立委）由國民黨提名參選台中縣長時，被社團成員與教師們檢舉對團體餽贈行賄而遭起訴，案子在台中地院審理中。

　　1995 年 11 月 23 日桃園地院判決楊文欣案時，台中縣抓鬼隊派員北上聆聽，並發表「司法已死」聲明，當時廣被有線、無線、文字媒體報導與訪問。

　　郭榮振案是因本人所屬社團（沙鹿青商會）與服務機關（永寧國小），都收到皮帶絲巾禮盒，基於教育良知與擔任抓鬼隊秘書，被動至地檢署舉發。並經民進黨利用此契機宣傳，且勸導收禮者至地檢署檢舉，達到點線面的證據效應，促使檢方積極偵辦，終致直接起訴郭榮振與黃德治（現任國代）。

　　欣聞司法院於 7 月 26 日為執行全國司法改革會議（反特權、反貪污、反黑金、反干預）的臨時提案，連發三道金牌，以最速件函令各級法院速審各級民代所涉刑案，並令按月彙報列管。

　　黑金人物利用勝選漂白，使民代成為司法的化外之民，已讓國人深惡痛絕。透過這次司法改革會議建言，司法院終能審度並善用民氣，發函速辦民代刑案，當然讓人額手稱慶，但獨漏國人所關心賄選案的諸立委大名，令人深感遺憾。

（台灣日報 1999.7.28）

抓賄選找李博士？

　　在野黨所籌措與能運用的競選經費，遠遜於執政黨，更懼怕以鈔票換取選票的傳統戰術。所以選前喊出反賄選口號，是可以理解，也應當全力支持。

　　民進黨祕書長密訪中央研究院李遠哲院長，欲邀其出面反賄選；對照政黨演講台上、媒體的報導中，經常出現要「拿1號投2號」的呼籲，也引起台下的迴響與訕笑。

　　地方選舉因所選出民代或首長所掌握的權力有限，小選區候選人也因與選民接觸頻繁或是近親好友，支持者不全然是為了區區幾百元。

　　但這回是選國家元首，如果政黨高喊抓賄、反賄，還邀有號召力的李遠哲出來反賄選，總統候選人本身或助選員甚至高喊「拿甲投乙」，堅定的支持者可能會心微笑，中性游離選民可能就不這麼想。

　　未來的國家領導人應有道德勇氣，不要一味討好選民，卻做出不良的示範而不自知。要體認台下的群眾幾乎全是忠實的支持者，不管您說什麼，他們都大聲叫好，透過媒體可就不是這般認同。

　　過往，選舉買票時有所聞，鄉村更是普遍，任何政黨與候選人真要反賄選並不難。只要呼籲支持者或自己的親朋好

友，勇敢的站出來舉發反賄，遏止賄選惡風始能見效。

什麼事都要找李遠哲，非民主國家、法制社會的正常現象。李院長也常說，他也是普通人，時間精力有限。改造社會需要共同意識與行動，不要給他太多的壓力與期許。

民進黨幾乎已在地方全面執政，善用縣市長兼任選委會主委職權，發揮在競選活動期間能指揮選監檢警的能力，平時就應編列充裕預算，宣導賄選之惡，並提供獎金鼓勵人民舉發賄選，才是簡單有效的方法。

反賄、抓賄會得罪拿不到錢的選民，並與包攬選舉的樁腳交惡，當權政客都避而遠之。握有有力武器的縣市長不做，卻找手無寸鐵的李博士來搞。

有請李博士接下重擔前，應先檢視各縣市政府與選委會，有幾個縣市擬出幾項反賄選的配套措施？因為一起來做反賄選，才有意義。

（聯合報 2000.3.5）

報告檢察總長

三合一選舉的選風依舊敗壞，檢察總長為查賄不力，日昨辭職下台。吳總長在辭職聲明中提到：「…買票有用的迷思及多位被起訴之候選人仍然當選、被羈押之候選人甚至全數當選，這是社會及文化問題，需要選務機關從教育面著手改變…。」意有所指的把責任引導到別的方向。

阿扁總統在調查局學員結訓典禮致詞中提到，今年三合一選舉賄選比去年立委選舉還嚴重。換句話說，如果去年立委選後的查賄檢討會能切中時弊的話，今年的三合一或許會有實質的改善。

吳總長把買票羈押者的當選，說成是社會及文化的問題，表面似有道理，畢竟賄選已成為政治文化，但導引選風文化向上與向善的是政府，尤其是查賄機關的重責大任。其實，法律賦予檢察官有生殺大權，吳總長去年就任以來，並未要求屬下積極執行此項職權。

諸如公職人員選舉罷免法第 103 條規定，涉賄選案者如當選，檢察官得自公告當選人名單之日起十五日內，向該管轄法院提起當選無效之訴。如果去年立委選舉後，將涉賄的立委當選人，要求檢察官提起當選無效之訴，再應用該法第 109 條規定，在法院出庭時要求院方依法在一年內定讞（二

審終結、每審最長六個月），去年涉賄選案的當選立委，今年此時早已被判當選無效定讞下台。

藍綠選民看到選給涉賄選案的候選人形同廢票，那麼今年買票羈押者怎可能會全部當選呢？悲情牌、政治打壓牌有效，不是檢察機關捨棄尚方寶劍有以致之嗎？

今年三合一選舉，全國各檢署檢察官紛紛將「涉賄當選者」提出「當選無效」之訴，下回選舉涉賄羈押者是否能再全部當選，就可驗證是否為社會問題？請勿將執法者的怠惰，推卸給無知的社會大眾！

（自由時報 2005.12.29）

「落選頭」遞補大利多

　　立法院本會期最後一天突然通過「落選頭遞補條款」，這將是爾後檢調查賄工作的伏兵與暗器，對嚇阻賄選惡習有無比的效用。

　　筆者從事反賄選工作 16 年多，對以往政府的查賄作爲，認爲是作秀的成份多；但是今年的檢調查賄，雷厲風行異於往常，並有下列具體特色：

　　佈線積極（主動找百姓）、提早啓動（半年前就抓人）、尚未登記參選就以預備賄選起訴、判決迅速（尚未投開票就以預備賄選判刑）、嚇阻登記（選前涉賄者不敢登記）、檢調放話選後絕對提出當選無效之訴（已有善化鎮長當選人未就任即判決下台案例）。

　　公職選罷法針對當選無效與補選的增訂與修法，已達八次之多，但此次增訂的遞補條款，因爲具有正義性與正當性，預期對日後檢調查察賄選，將有一針見血之效。

　　遞補條款猶如棒球賽中的「敗部復活」或「不死的三振」，如果今年的賄選官司能速審速結，讓這批落選頭能搭上遞補專車，活生生的復活例子，除了會觸動爾後參選人的心，更將積極地配合政府查賄措施。

　　遞補條款無異是檢調抓賄的伏兵與暗器，讓金牛型的候

選人，隨時會因對手埋伏內線致難以防範，莫名其妙地中箭下馬來。

（自由時報 2006.1.15）

查賄敷衍數字說話

　　《自由時報》5月31日言論版短評〈別忘了查賄選〉指出，即將在6月10日登場的村里長與鄉鎮市民代表選舉，政府對查察賄選的作為不像三合一積極，作者建議應強化作為，並呼籲選民配合。

　　比對法務部網站公布的數據，真的是如此。請看下列數據：

　　去年三合一選舉共獲1萬3425件賄選情資，發動偵查3752件，起訴734件、2464人；但是截至今年5月17為止，檢、調、警、政風等查賄機關，只有政風單位公布彙整本次基層選舉賄選案件計1277件，並有4件28人被起訴；彰化地檢署也主動在媒體公布查賄情資共145件，列入偵字案也只有2件。

　　其實，此次基層選舉的候選人比三合一多很多，選風也比三合一更惡化，查賄數據卻顯示政府作為太消極，該文作者的憂慮與呼籲其來有自。

　　法務部聘請家喻戶曉的民視連續劇《親戚不計較》演員卓勝利當主角，並公開喊出「反賄選，親戚要計較」口號，堪稱一絕。因為基層選舉的候選人，有的與選民都是熟識鄰居，賄選行徑更是「歷歷在目」，要不要抓賄僅在一念之間。

　　唯一缺憾的是，劇中只強調獎金的物質獎勵，忘卻了說明去年底立法院剛修正的《公職人員選舉罷免法》第 68 之 2 條「民代遞補條款」，亦即抓到候選人賄選並判決當選無效的話，由落選者自動遞補，免除以往重新選舉規定。

　　該條文可說是抓賄利器，因為只要抓到對手賄選，極有可能保障自己當選。該法條追溯到三合一選舉，三合一選後尚未半年，已有雲林縣王鐵道、桃園縣廖輝星、台南縣姜金堂三人遞補成功的案例，如能力邀上述三位議員公開現身說法，更將是鼓勵抓賄的最佳演員。

（自由時報 2006.6.5）

涉賄當選難過關

　　「落選被關、當選過關」常是涉案黑金的選戰哀兵訴求，卻往往得逞。有民主素養的選民，不要有婦人之仁而助長賄選風氣。其實，去年涉賄的鄉鎮長，已有補選完畢的，更有10位落選的民意代表，因查賄定讞已經遞補成功案例。

　　以往的賄選官司，都是公職任期結束，官司尚無結期。但是現在不一樣了，去年底三合一選舉剛屆滿週年，涉賄選案件的花蓮縣壽豐鄉長，不但當選無效下台，且選舉委員會已辦理補選完畢，還有好幾個鄉鎮市準備補選鄉鎮市長的案例。

　　民意代表涉及賄選的案件，善後的處理簡單多了，是由「落選頭」直接「遞補」了事。截至目前為止，已遞補的有十例分別如下：

　　1、雲林縣議員梁銘忠當選無效由王鐵道遞補。2、桃園縣議員黃享欽缺額由廖輝星遞補。3、台南縣議員姜金堂解職由吳通龍遞補。4、台中市原住民議員羅春蘭遭解除職務由黃仁遞補。5、嘉義縣議員陳保仁當選無效由簡泰河遞補。6、新竹縣議員朱有玄當選無效由范玉燕遞補。7、苗栗縣議員羅碧玉解職由曾美露遞補。8、台東縣議員曾宏賢當選無效由張卓然遞補。9、花蓮縣議員李春風當選無效由黃輝寶

遞補。10、屏東縣議員董啓智當選無效由徐啓智遞補。

　　法務部於三合一選後，主動提出當選無效之訴共有 88 件，所以後面陸續等候遞補的案例還多著呢！

　　選戰進入最後一週，外界對於今年的查賄績效不太滿意，法務部不妨將上述遞補的十例（實例），與陸續可能「換手」的案例，拿出來強力宣導一番，以強化選民配合反賄選的信心。

（中國時報 2006.12.4）

解職又當選　一場戲

　　日昨林口鄉長補選，是繼鶯歌鎮長之後，又一涉貪的首長辭職後再度當選的案例。司法必需尊重民意，依地方制度法讓「涉貪卻未定讞」的首長復職。這只是幾個特案的無奈？抑或選風墮落的後果？

　　審視 2005 年底三合一選後，或貪瀆、或當選無效、或出缺，依序補選首長的已有 15 個案例：台東縣、壽豐、烏坵、觀音、霧峰、滿州、苑裡、線西、蘆竹、頭份、仁愛、基隆市、神岡、鶯歌、林口。

　　統計補選後的新局，政權由自己或家人繼續治理的有 8 例：鶯歌與林口是辭職者再度當選；台東縣、壽峰、苑裡、線西、蘆竹，由解職者之妻當選；滿州，解職者之子獲勝。神岡，聘被解職者任機要秘書；觀音，新當選者再涉賄選暫入牢籠裡；烏坵，由一艘艦上的「幾十位非常住」之返鄉遊子決勝負；觀音、頭份、仁愛是上回落選者捲土重來當選。

　　檢調警辛苦查賄於先，院方速審速判於後；公權力忙翻天，鼓勵抓賄獎金發出數億，難得辦出幾個「解職」的地區，補選結局卻跟之前大同小異，讓人嘆息。政壇道德日下，選舉墮落惡風普及，選民如不覺醒，咎由自取，惡果也將自食！

（中國時報 2007.7.24）

查賄選　下場慘

　　報載，內政部長李逸洋說重話表示，警分局與縣市警察局如查賄不力，將下台或調整非主管職務。行政院長張俊雄也強調，查賄工作不分藍綠，只分是非證據。警察首長聽了先別急，選民看了也別太在意，某陣營的候選人應暗爽在心裡。

　　讓我們回顧最近積極查賄首長的下場：（一）2004年第六屆立委選舉，當時的法務部長陳定南因為查賄太用力，遭到同黨同志抨擊「檢調查賄方向不對」，選後率先打包回家吃自己。（二）再看2006年的三合一選舉，檢察總長吳英昭創多項紀錄的查賄成績，向高層說他領導的查賄最有力，只因為綠營結局慘兮兮，惹來高層一句「選成這樣有什麼意義？」最後落得辭職下台。

　　綜觀歷屆查賄績效評比，必屬吳英昭所領導的2006年三合一選舉無疑。三合一選後至今未滿兩年，已有42個當選無效定讞案例：24名縣市議員當選無效解職（落選頭同步遞補）、18名縣市與鄉鎮市長補選。

　　能讓查賄成為好案例，全要歸功檢調搜證齊全，法院始能快速審理。任期內讓當選者下台，是對金牛最有效的震撼教育。

　　不分顏色、只看證據的查賄首長，先後下台已有先例，所以張院長的說法聽聽可以，可別太在意。既然因抓賄積極已有下台先例，下屆立委與總統選舉，民進黨一手以執政資源政策賄選，一手由黨部成立「反賄選中心」，操弄兩套標準欲主導查賄。

　　有色盲的檢調警，還是先停、看、聽，否則選後仕途恐無遠景。

（聯合報 2007.9.12）

中央民代保障法

「選區越小，票數越接近，選舉訴訟翻盤機會就越大。」此論點在 2005 年許多「當選無效」之訴案例中，驗證甚具威力，已造成 17 個鄉鎮市與縣市長補選，更讓 25 位縣市議員解職（由落選頭遞補）。

但《公職選罷法》第 68 條之 2 不修改的話，立委選舉過後的訴訟，即使司法判決當選人「當選無效」，由於該條第二款規定只有「地方民意代表」可以遞補，意即「中央民意代表」的立委缺額可能要辦理補選。

再看看最近這 17 個鄉鎮市與縣市長補選的案例，只要提前請辭再度參選，或解職者推出家屬參加補選，以「司法不公」做訴求，該地選民很諷刺的會以選票給予平反。

故藉由選舉訴訟換來的補選結果，是涉案者本身（或替身）當選，司法有正義卻耗費社會成本，救濟程序成枉然。

在 2005 年舉辦三合一的此時（離選前半年多），雖然情資不多，但檢調查賄頗有績效，有多件於投開票日前，就讓參選人棄選或起訴、羈押、判刑定讞。

反觀今年，雖然警政署與政風人員加入查賄陣容，情資數量一千多件，但證據能卡到立委參選人的案例尚未發現。預估選後即使能讓不少人繩之於法，也只是樁腳而已，能讓

立委當選無效解職下台的，反賄行家咸認機會不大。可見歷經三合一的道魔對仗，公權力查賄之道如果不再精進，勢難破解「票鼠」日益精進的防護屏障。

　　現在離大選日尚遠，藍綠互控的訴訟案件已經不少，所謂「選舉訴訟學問大」雖然沒錯，但就如前述二點提到，中央民代選舉訴訟很難卡到參選人，可能效果不大。即使最後卡到當選人，因為中央民代選舉並無遞補條款，可由替身再度當選。

　　這次選戰中，即使搬弄選舉訴訟，可看成只是手段（攻佔媒體版面或嚇嚇對手），不是目的，因為立委諸公增訂《公職選罷法》第 68 條之 2 時，已為自己預留後路。除非修法，否則選舉訴訟的實效，不若三合一來得大。

（自由時報 2007.10.20）

抓賄選不可手軟

　　行之有年的「賄選犯行例舉」，法務部有意在明年初立委改選時放寬，如新標準界定模糊，執法者投鼠忌器怕太過或不及，可預見這次選風勢必惡化，檢警調的查賄成績將會下滑。

　　張俊雄回任行政院長的記者會，指他 2001 年首次擔任閣揆辦理第五屆立委選舉時，締造我國「最乾淨的一次選舉」，也真的被英國《金融時報》如此讚譽。

　　該年達成最乾淨選舉的查賄法寶，就是現行的「賄選犯行例舉」，六年多來，已在執法、參選、助選者及選民心中，形成共識與慣例，卻欲在選前大改變，勢必搞亂原有準繩。

　　這可從啟動查賄機制不久，即有嘉義、彰化、宜蘭等地因查賄標準認定不公，發生動輒得咎的抗議場景，如果一再變更尺度，恐有治絲益棼的後果。

　　兩年前的三合一選舉，檢察總長吳英昭要求檢調放手以「賄選犯行例舉」標準查賄，在選前半年，即有參選人棄選或起訴、羈押，更有在選前即判刑定讞等威嚇效應。

　　反觀這次，首次將七萬警察大軍加入查賄陣容，並施以連坐賞懲要求績效，但離投票日僅剩 70 天，法務部僅拿出「賄選情資 2030 件、涉案 3000 人、監聽 4 萬 9000 多件」

等數字唬弄，眞正循線查獲參選人的具體案件，目前尚掛零。如非第一線執法者對標準尚未喬定，畏首畏尾，何以至此？

最近數月，檢警調在全國已辦過百場以上的反賄選宣導，均以頒行六年有餘的「賄選犯行例舉」爲宣導範本，如果贈送禮金、禮品等犯行，在這次選舉都不構成的話，則之前的宣導內容「攏係假」，而2030件的情資絕大部分都變成無效檢舉。

面對可以立法、可以修改、可以質詢檢調警首長，隨時可以「喬」法條的立委，查賄首長畏縮心態顯露無遺。在選前，執法查賄者已有怕過猶不及的矛盾心理；在選後，檢院起訴判決自由心證的模糊空間，恐怕也會加大。可預見的是，這次選風在表面嚴、實地寬的縱容心態下，勢必惡化，查賄成績將會下滑。

（自由時報 2007.11.2）

走路工灌人氣

影響高雄市長選舉的「走路工」事件，刑事一審判決無罪，政壇再添茶餘飯後的重要話題。當政客不談民生經濟，選民已對選舉冷漠唾棄，政黨造勢要有壯觀的場面，請椿腳代發「走路工」就不可免。

黨外時期，談戒嚴、黨禁、報禁、人權，人山人海，站著聽；政黨輪替，綠色執政八年，人民對政客長年畫餅充飢的相信度所剩無幾。天王要來演講「是您兜的代誌」，寬闊場地如果搖旗吶喊者疏疏稀稀，選民透過 SNG 現場轉播看在眼裡，原本要造勢，反而提早結束人氣。

跟班者怕老闆看到台下「人何潦落鬼何多」，一定不高興！為了製造虛假人氣，只能付鈔票找椿腳，椿腳依網絡找阿狗阿貓舉旗吆喝、跑龍套，如果不發三百、五百，順便來頓梅花餐吃個粗飽，下次遊覽車要找人會越來越少。

貪腐政權已不分藍綠，貪錢汙官在政黨輪替後依舊如昔，權貴吃喝萬元的「三井日本料理」，台下朋分的造勢工資不及贓款千萬分之一。動員造勢不給「走路工」，誰會理你？

針對高雄「走路工」刑事一審無罪判決，黨棍趁機互罵爭鏡頭，把老百姓當成「阿西」。別傻了！哪個椿腳不知道

選民已對政治冷漠、對選舉議題唾棄？如今不管哪一黨要造勢，付錢給椿腳找人頭出席，才是硬道理。當候選人樂見支持者動員私下撒鈔票，被抓到時，卻裝無辜說不知道？

　　期盼各黨天王與候選人及時頓悟，別爲充場面要屬下花鈔票找椿腳，辦這些騙自己的事，只是吃力不討好。否則法務部抓賄地雷一引爆，落選後不要再來「哭夭」，即使當選也會變成選舉無效。

（聯合報 2007.11.26）

得票 2.87% 也能遞補

　　縣市議員遞補案件一件接一件，活生生的案例告訴愛好民主的人士，敗部復活的唯一機會，就是要積極檢舉賄選。

　　三合一選舉後，各縣市議員遞補的案例已有 31 個，最近一例是 1 月 1 日新科遞補的宜蘭縣議員楊政純。

　　遞補條款俗稱「落選頭條款」，其實，不是落選頭才可遞補，日前在桃園縣第一選區有落選第四名遞補成功的案例，該議員呂文華只獲得 2.87% 即獲得遞補，應該是現任民代得票率最低的議員。

　　上述落選第四名、得票率不到 3%，亦能遞補的成功案例，給首次實施單一選區、造成藍綠對決之外的第三黨候選人（暨支持者），有不必氣餒的奮戰勇氣。

　　例如高雄市第三選區，藍（侯彩鳳）、綠（李昆澤）陣營的核心幹部，前者黃啟川（前議長）被拘提、後者蕭裕正（環保局長）被收押，兩大政黨都涉及賄選。自行參選的林進興，即使落選亦有遞補生機，故該陣營士氣為之一振即為明證。

　　三合一選後涉及的賄選案件，除上開 31 個縣市議員「遞補」案例之外，在縣市長與鄉鎮市長方面，更有 20 個當選無效所造成的「補選」案例，可見檢警調不但抓賄積極，法

院判決更是快速犀利。

　　第七屆立委改選在即，愛好民主的大頭家，為了讓子孫有好將來，不可只是消極的投票選好人，還要勇敢的抓票鼠，讓賢能即使落選，還有敗部復活的機會。

（自由時報 2008.1.5）

抓賄還得加把勁

隨著立委選舉落幕，苗栗、金門地檢署分別對李乙廷、陳福海提起當選無效之訴；截至目前，檢方在全國只提出這兩件，也可能是法定期限前的唯二案件。

尚有兩件由同一選區的對手提出的當選無效官司：江連福、陳福海（對手是簡肇棟、吳成典）。由抓賄的檢方提出，因了解犯案細節，成案的機會比較大些。陳福海同時被檢方與對手提出告訴。

這次行政機關總動員，配合反賄選宣導，使得法務部的情資很亮麗，如從表面數據來看，成績可以打上滿分，但實際只抓到11個候選人：何智輝（國）、陳朝龍（民）、李乙廷（國）、賴金明（無）、杜文卿（民）、江連福（國）、黃宗源（民）、陳福海（無）、林春德（親）、李顯榮（民）、廖正井（國）。

依黨籍分：泛藍5人、泛綠4人、無黨籍2人。其中當選的只李乙廷、江連福、廖正井、陳福海4人，其餘7人都落選。行政院長張俊雄選前放話，要讓全國黑金的指標候選人都落選，大致都落空難兌現，所以實質查賄成績是不及格的。

不及格，不是隨便說說。比對2005年（三合一）的查

賄績效，那次選後，全國共有 12 個地檢署針對 62 名當選人
(35 名縣市議員、27 名鄉鎮市長) 提起當選無效之訴。

截至目前為止，官司定讞解職的有 45 名 (31 名縣市議
員、14 個鄉鎮市長)；縣市議員解職的由同選區落選頭同步
遞補，鄉鎮市長缺額的也都已補選完畢。該次選後由檢方提
出的當選無效之訴，成功率分別為：縣市議員 86%、鄉鎮
市長 52%。所以說，第七屆立委的查賄成績比三合一「差」
好多。

這次基層檢警調在情資搜集、廣布地雷確實很努力，但
未將前檢察總長吳英昭「當選無效」的經驗傳承下來，殊屬
可惜。

（自由時報 2008.2.16）

從「張碩文案」談犯罪黑數

　　貴報4月19日報導「追訴張碩文當選無效已逾時限」，文中提到雲林縣地檢署與法界針對賄選案件的兩個觀點：一、張碩文與落選頭劉建國票差1萬7000多票，檢方掌握賄選票數僅二、三千，對結果無決定性影響，故檢方只查賄選，放棄當選無效之訴；二、我國並無類似韓國的查賄法庭，讓選舉官司速戰速決，故提當選無效並無實益。

　　本人僅就賄選的實務案例與選罷法的規定，對上開兩點，逐一提出看法：

　　一、賄選案應考量「犯罪黑數」：所謂「犯罪黑數」，指已經犯罪，但由於各種原因未被計算到犯罪統計中，或未被司法機關追究刑事責任的犯罪數，也可以說，是未自首或未被查獲的犯罪案件。

　　候選人的「買票黑數」有多大，除非候選人本身，外人很難定出確切的數字，故「犯罪黑數」在2006年的三合一選舉，已有部分檢院同步參採。

　　二、我國設有「選舉法庭」並有「速審速結」的規定：我國雖無類似韓國的「查賄法庭」，但在投票日的前半年左右，法務部即在各地檢署成立查察賄選「執行小組」、各高分檢成立查察賄選「督導小組」。

　　公職人員選罷法第 127 條並明定：「選舉訴訟，設選舉法庭，採合議制，並應先於其他訴訟審判之，以二審終結，不得提再審。各審受理應六個月內審結。」故我國設有選舉法庭，雖非速「戰」速「決」，但卻有速「審」速「結」之意，每案偵審程序最遲約在一年半內定讞。

　　三合一因查賄而判決當選無效的案例，已造成 14 個鄉鎮市長下台（辦理補選）、35 名縣市議員解職（由落選頭遞補）。

　　如果雲林檢調在當時能積極於法定期限內先提「當選無效」之訴，日後以「犯罪黑數」觀點論辯，結局也許會逆轉也說不定。而我國的當選無效之訴，在三合一選後也已展現速效威力。

（自由時報 2008.4.21）

鬆綁黑金 惡靈復活

公職人員選罷法修正草案，在國民黨主導下，已將該法第127條、第26條排入立法院院會，隨時會表決通過。前條，欲將選舉訴訟由目前二審確定改為三審定讞；後條，將讓「買票掮客、暴力樁腳」等前科犯，放寬資格限制，讓其可登記為候選人。

上開兩法條如修法通過，前者會讓涉賄當選人，於任期內逍遙自在，官司終審遙遙無期；後者會讓以後的競選拉票，採用拳頭壓制代替口頭說服的案件，將數倍成長。

黑金綁樁型的立委，把第127條看做眼中釘，是因為該法條規定：「二審定讞」、「各審六個月審結」，俗稱「速戰速結條款」，該法條的威力，已危及立法院的新、卸任同事。

上開「速戰速結條款」，在2005年三合一選後的賄選官司，完全依訟程進行速見績效，已有37名涉及賄選的縣市議員因二審定讞遭到解職，由落選頭遞補。

立法院何以急於修改第127條？乃因今年年初辦理第七屆立委選舉時，涉及賄選起訴的候選人共有18人，涉及選罷法的案件，如從二審、不得上訴的條文，改為三審、可上訴，則類似郭晏生賄選案，纏訟13年情形將重演。賄選案

件，如果無法在任期內審結，查賄將失去意義。

　　至於欲修改第 26 條，讓涉「買票掮客、暴力椿腳」被判易科罰金者，可放寬登記為候選人。涉犯上述行為者，不外是立委的大椿腳，開放讓這些人參選，在基層當選民代後幫立委走攤跑腿，可以強化立委的選區經營，對立委政治版圖的鞏固幫助很大。

　　但回顧該條文於 1983 年增列「買票掮客、暴力椿腳」不得登記為候選人，立法意旨為「防止賄選，端正選風」，如果又改回去，則民主倒退 25 年！

（中國時報 2008.11.26）

立委要開賄選大門

本屆立委賄選官司，張碩文（中國國民黨立院黨團書記長）一審判決「當選無效」乙案，甚為離奇與特別。

雲林縣立委當選人張碩文，其父張輝元幫他賄選被收押、起訴、求刑三十年、一千萬元交保，其賄選規模最大、最有組織、最有計畫，樁腳涉賄多達 15 件，且多數一審均判有罪。

貴報半年前 (4 月 19 日) 曾以「追訴張碩文當選無效 已逾時限」為題報導時，遭到讀者為文抨擊檢方消極、縱放。雲林檢方隨後公開以「賄選案係其父張輝元賄選，並非張碩文本人，不符提當選無效要件」回應。現在一審判決「當選無效」成立，證明雲林檢方確有怠忽，且司法見解謬誤。

第七屆區域立委共 295 名候選人，因涉賄於選後「刑事」起訴 18 人。其中 12 人落選、6 人當選。該屆區域立委共當選 79 人，「刑事」起訴 6 人中，檢方主動提起「民事」當選無效之訴有 5 人。

公職選罷法針對第 127 條，已排入立法院會，隨時表決通過，欲將選舉訴訟由二審改為三審。該條如通過，則涉賄當選人於任期內將逍遙自在，官司終審更遙遙無期。

黑金立委視該條文中的「二審定讞」、「各審六個月審

結」，即俗稱「速戰速決條款」為眼中釘，因為 2005 年三合一選後，已有 37 名議員下台（落選頭遞補）、14 名鄉鎮市長解職（已補選畢），可見該法條威力無比。

如該法條不修改，立即危及上開起訴的 18 人，因為司法進度紛紛步入二審，如不快馬加鞭修法，落選人須立即入獄、當選人須遭解職並換穿囚衣入監。

選罷法如從二審、不得上訴，改為三審、可上訴，則類似郭晏生（台中市議長）賄選案，纏訟 13 年的情形將成為通案。賄選案件，如果無法在任期內審結，查賄已無意義。

雲林檢方應提、卻未提當選無效之訴，怠職於前，錯誤強辯於後，可見檢調查賄觀念需再教育，法務部也應追究是否有內情。

（自由時報 2008.12.1）

賄選案未結　仗難打

　　民進黨台南縣長的提名風暴，除黨內問題，筆者提醒尚需考量候選人是否涉及賄選案件，否則對手一定在選前操作此議題，陳定南與羅文嘉敗選的前車之鑑不可不考慮。

　　有關心選情者提及 2005 年選舉時，優秀人品、廉能政績兼具的陳定南，老將回鍋出征，並未贏得宜蘭縣長；準此，陳唐山條件雷同，似應暫請謙讓養望，培養中青人才接棒才是。

　　但回憶當時選情，「陳青天」兵敗蘭陽，與其後援會餐會賄選議題遭到藍營一路操作，恐怕脫不了關係。參選台北縣長的羅文嘉也是，敗在賄選議題遭對手操作，其「走路工」事件讓選情一夕突變。

　　因為一向標榜清廉參選的民進黨候選人，涉及賄選案件勢必成為罩門，對手絕對會以文宣與耳語一路凌遲。

　　李俊毅、葉宜津與陳唐山三人，目前只有李俊毅在第七屆立委選舉時，直接涉及賄選而遭到起訴。賄選官司一日未定，影響候選人選情至鉅；提名涉賄者參選是種冒險，2009年民進黨是否要挑戰禁忌，考驗蔡英文與民進黨的政治判斷與取捨。

（自由時報 2009.4.8）

「標哥萬歲」的背後

顏清標假釋案，不到一天即完成行政程序，想到政府服務效率如果都能這樣的話，則不管金融海嘯或政黨對立，民調一定不會降到難看的地步。

看到顏清標立委假釋案的公文，能在一天內連闖五關毫無窒礙，外界嫉妒欽羨「特權」之際，官員以「一視同仁」帶過。「當立委真好！」可不是一天建立起來的民間箴言。

顏大哥兼立委的人脈，從檢方幫他跑腿的速度小露身手；在司法界，標哥的實力應是雄厚的。比如說同樣喝花酒，案發於後的彰化縣議長白鴻森，只小Ａ 89 萬元，上個月已判刑四年定讞。

案發於前的台中縣議會，雖認定詐取 1800 多萬，但多次發回更審，定讞遙遙無期。難怪有立委藉其獄中瘦身機會，高喊「標哥萬歲」。標哥萬歲！絕對是立委們對他實在有夠力，所發出的肺腑讚嘆之言。

行政院研考會應該函令全國各行政機關，考查並效法台中檢方的服務效率，相信下一次各級政府的民調一定衝高，則政黨永續執政或政客競選連任都不是問題啦！

（中國時報 2009.5.16）

搓退許舒博，辦誰？

　　許舒博接任台北 101 大樓董座之事，經行政院公開證實，卻遭馬英九下令封殺。政黨避免初選分裂，以職位搓退稀鬆平常，何以牽涉本案者個個噤聲？除有違行政中立外，疑觸犯選罷法乃為主因。受理本案的檢調態度，是司法檢視是否辦綠不辦藍的另項指標。

　　6 月 9 日傳出許舒博接掌 101，隨即宣布退出雲林縣長初選，幾小時之後，人事突變。牽扯本案高幹全被捅一刀，何以仍無人敢唉一聲？有人咸認係違反隔日新施行的「公務人員行政中立法」第 6 與 14 條之故。然上法對非公務員毫無作用。

　　讓相關人士畏懼的乃公職選罷法，如以 101 董座為對價搓退，則疑有違該法第 101 條：「辦理黨內提名，對於候選人有第 97 條第一項（行賄）、第二項（受賄）之行為者，依第 97 條（處三至十年併罰 200 至 2000 萬元）規定處斷…預備前項之罪處一年以下…意圖漁利包攬上述之事者（指捐客），依第 103 條（處三至十年併罰 100 至 1000 萬元）規定處斷。」

　　過去選罷法對黨內搓退不罰，2007 年 11 月 6 日增訂第 101 條，立法意旨：「黨內以搓圓仔湯或賄選獲提名，嚴重

影響選舉結果，爲維護公平將此納入處罰」。觸犯本法條刑
責甚重，難怪媒體影射之掮客與當事人，撇清、低調並噤聲。

　　又該法條規定，就未成交之預備犯亦罰之。故以101董
座之對價，觸犯選罷法101法條，不論搓者被搓者與掮客，
已遂或預備犯均罰之，此乃眾人噤聲之主因。民進黨對該上
案已提告發，檢調是否不分藍綠或仍舊傾斜，此案可視爲觀
察指標。

（自由時報 2009. 6.24）

馬主席替身出征

　　拜讀昨天《聯合報》社論〈別再用「代X出征」來羞辱選民了〉，筆者認為，此時正是馬主席切割替身出征的最佳時機。

　　馬英九「改革」掛嘴邊，黨員與選民三度將黨與國家託付他「改革才有未來」的口號上。剛當選、尚未上任的馬主席，大家睜大眼睛，瞧「馬上」如何解決雲林縣立委補選張輝元「代子出征」的問題。

　　政黨與地方派系相互為用，國內外皆然。但當派系推出之當選人涉案被判決定讞，其缺額補選，派系如仍以「代X出征」向黨做為要脅，則馬主席不能漠視。

　　替身出征幾乎全勝。回顧本屆三合一選後 30 次補選，「代X出征」共 19 次（佔 63%）。家屬 19 次出征勝選 15 次（勝選率 79%），敗選四次，剛好民進黨都未提名，亦即國民黨放手讓派系動員操演。這 19 次只有瑞芳鎮長顏世雄係泛綠，餘 18 次都是泛藍背景。

　　在地方派系要脅與勝選考量之下，國民黨於補選中或提名、或開放、或暗助解職的家屬，故補選勝績全賴替身出征維繫。如此作為，人民觀感當然跌至谷底。

　　從一度當選黨主席、當選總統、二度當選黨主席，黨員

與選民一再以選票支持。目前一席立委補選的勝負，對執政影響甚微，馬英九應把握切割派系替身出征的最佳時機，莫再躊躇，以回應人民的期待。

（聯合報 2009.7.28）

讓落選頭來遞補立委

　　台中縣立委江連福當選無效官司確定後，又要舉辦補選，國內天災不斷，而連續不斷的補選屬人禍，社會覺得好煩又浪費公帑。有人建議對提名之政黨連坐罰錢，本人認為修改「遞補條款」更方便。

　　媒體與學者建議，讓涉賄遭判決當選無效者，所屬政黨負連帶責任，支付補選所需經費。現行選罷法第 112 條，對涉犯賄受賄、搓湯圓、暴力等之既犯或預備犯，按「人數」處以推薦政黨新台幣 50 萬至 500 萬元罰款。

　　現行選罷法既訂有連坐法，目前社會厭煩於天災之後，感覺每天都在補選。據統計，2005 年選後至今已辦理 31 次補選，平均三個月舉辦兩次補選。

　　補選徒增政黨對立、社會厭煩與浪費資源，因此，只要將該法第 74 條：「地方民代…缺額由落選人依票數高低遞補」，增列「中央民代」四字，則爾後之缺額，即可省下舉辦補選公帑之浪費。

　　社會民氣可用，目前政治改革聲浪頗高，將地方與中央民代遭解職之缺額，一律改為遞補，也符法律之前人人平等原則。

　　各級公職與民代有案在身的所在多有，將「補選條款」

一律改成「遞補條款」，是一本萬利的工作，朝野政黨應體
察民意，立即攜手修法。

（中國時報 2009.10.12）

查賄選績效大跌

投票在即，今年查賄件數跌到谷底，追根究柢，是政黨與政客讓選民失去勇於檢舉的動力。

民進黨主席蔡英文 10 月即表示「查賄是藍綠勝負關鍵」，然比對法務部選前 12 天發布數據：「情資 2568 件、起訴 23 件 23 人」，相較於四年前選前 30 天數據：「情資 4132 件、起訴 37 件共 222 人」，雖因縣市合併，件數少屬合理，但選戰只剩數天，今年績效顯然差太多了。

難得朝野政黨主席 (馬英九與蔡英文) 都重視查賄，何以績效反跌？乃因這幾年法務部、檢方與政客「公開鼓勵、私下抵制」，選民信心漸失。證據如下：

一、法務部加設阿Q獎金門檻：檢調無力追究第七屆立委選舉時，苗栗縣疑似「假參選真領獎」弊端，卻加訂「候選人得票數須達保證金退還數門檻才發放」規定。

二、檢方核發獎金拖泥帶水：連抓賄達人王坤盛、中縣抓鬼隊等，於申領獎金時，都遭到不明原因拖延，其他秘密檢舉人發放情況可想而知。

三、拒發理由荒謬與偽證：中縣王姓選民檢舉縣長候選人判決定讞，台中地檢署蔣忠義檢察官拒絕給獎理由是「有道德危險、國家無如此財力」。王某退而要求酌情給獎，當

年的台中地檢署檢察長陳守煌偽證「檢舉當年並無酌情給獎」規定。

　　四、政客反賄懸賞是口號，選民要懸賞金需與政客對簿公堂：廖永來 1997 年競選台中縣長時懸賞 30 萬元，訴訟裁決給獎；廖永來當選縣長後，於 2000 年鼓勵抓總統賄選懸賞 200 萬元，有梧棲鎮民抓到泛藍樁腳賄選判罪定讞，縣府竟然翻臉拒發獎金，檢舉人提告卻敗訴，須賠縣府所有訴訟費用。

　　查賄如要有績效，除了法務部阿Q條款要廢除外，檢警調第一線受理人員也應了解「鼓勵檢舉賄選要點七：不待請求主動給獎」的規定，核獎程序要熟，而且核獎應從寬。

　　至於政客懸賞，必須公證或將獎金提存法院，否則事後官官相護，小老百姓不諳行政竅門，領不到獎金還要賠錢之事，經媒體報導，反賄志業去掉大半。

（自由時報 2009.11.7）

馬英九縱容水利會買票

藍綠對是否要簽ECFA尚無共識，馬英九總統急著要簽；針對查賄議題，藍綠早有共識，然「農田水利會組織通則」立法通過多日，卻未見總統公布施行，讓人不解？

台灣各農田水利會會長及會務委員選舉，已於4月1日發布選舉公告，並訂5月15日舉行投開票。改選工作早在各地如火如荼展開，部分選區的賄選行徑公然為之。

然而，配合政令抓鬼的民間組織，卻陷入英雄無用武之地。全因目前水利會的買票行為，雖已通過修法，但總統遲不公布施行，以致尚無法可管，也讓檢調不敢動手。

「農田水利會組織通則」已於4月16日修法增訂查賄條款，這次針對「排黑反賄」只修半套，有黑金紀錄者本屆尚可參選，形同對派系買票樁腳大開後門。

另外半套，雖對本屆的買票行為有法可管，然立法院修法通過後，依中央法規標準法規定尚須總統公布，公布後第三日起始能產生效力。

水利會改選工作已進入第28天，查賄條款已通過12天了，而即使總統今晚恍然大悟，簽名公布該新修通則，尚須等待三天才生效力，上述期間就是縱容黑金樁腳的「買票假期」。

　　馬總統在「雙英辯論」多次提到，國家大事要本著輕重緩急、循序漸進的概念，而新修通過的「農田水利會組織通則」，目前買票正在進行，各地檢調都握有賄選線索，翹首盼望等著公布後的第三天即動手抓人。

　　水利會改選的查賄工作，是藍綠在立法院通過的共識，馬總統，您還在等什麼？

（自由時報 2010.4.28）

正副議長跑不得

　　台南市議員切結辭職（三名拒簽）事件，四名律師控告立委陳明文妨害投票，顯然「前金」發酵，五都議長「跑票」已露預兆。五都議長選舉全國都在看，歷屆天價賣票事件如在 12 月 25 日重演，綠營民氣恐在一夕之間垮掉。

　　過去正副議長選舉，泛藍兩組競逐，關鍵少數在綠營。這次總席次 130 比 130，綠營已具勝選實力：在南市以 27 比 13 領先 14 席、高市 28 比 29 僅差藍營 1 席、新北市 28 比 30 少藍營 2 席、中市 24 比 27 落後藍營 3 席、北市 23 比 31 輸藍營 8 席。

　　席次相當，台南市正副議長全拿有機會，其他四都只要行動一致，隨便跟一組搭檔，奪議長不是夢，拿下副議長如囊中取物。

　　上述數字與邏輯，支持者都懂。如果台南市正副議長全損龜，如果其他四都嚴重跑票，以致連副議長也失守，表示「跑票賣票」是事實。如果各黨團再不自清，黨中央再不嚴懲，對豬仔議員背棄選民意志再度輕縱，支持者鐵定反彈。

　　回顧歷屆正副議長選舉，關鍵票以「天價」賣出成為焦點。以 1994 年台中縣為例，民進黨議長提名人蔡嘉藤得零票，全黨議員集體支持指標人物顏清標。而去年至少七個縣

市的綠營議員跑票，難堪場景歷歷在目。

　　民進黨每屆均高調宣示，正副議長涉買賣票者將開除，過去因僅係關鍵少數，跑票大都不了了之，致議員變本加厲有恃無恐。這次席次已具絕對優勢，如再公然演出跑賣票戲碼，後果絕對會在明年大選發酵。

　　拿正副議長「前金」者所在多有，勢必要「亮票」兌現；如何防止跑票、不讓集體賣票的歷史重演，是蔡英文主席的當務之急，更是力保綠營選後氣勢不衰的重要課題。

（自由時報 2010.12.11）

選舉官司拖延與改判

雲林縣斗六市長當選無效官司,原訂 3 月 1 日宣判,卻延期再審,該案一拖再拖,當地選民一再抗議質疑。無獨有偶,彰化縣最近三件當選「無效」官司,連續遭逆轉改判「有效」定讞。

南綠北藍政治版圖成形,2012 年聚焦中台灣,而決戰前的綁樁成為要務。最近當選無效官司連續變卦,且都在中部,難怪外界有「司法袒護、意在固樁」的質疑。

依選罷法規定,2009 年(三合一)選後近百件當選無效官司,都應在去年底定讞,雖已解職 9 席鄉鎮長、20 席議員,然至今尚有部分未判。未判或拖延,有政治操作之嫌。

改判部分,以最近彰化縣議員柯振杯、福興鄉長粘禮淞、芬園鄉長施華芬等三案為例,一審都判當選「無效」,二審全改判「有效」,引起物議。其中柯案被形容成賄選最多、最轟動,只因係「馬派」就變沒事;粘案被比擬係「小弟頂罪、大哥逍遙」。

施案判決更離譜,施華芬與黃健彰是母子,前者選鄉長、後者選議員,兩人選區重疊且雙雙當選,一審均判「無效」,二審法官咸認母只幫子買票(未幫自己買),改判母「有效」、子「無效」。

諸多依期應判未判或拖延或改判，是否有暗盤？是否以政治恩庇做為效忠籌碼？為何突兀的改判全落在中台灣？和「樁腳鞏固戰、決戰中台灣」有沒有關係？

（自由時報 2011.4.6）

反賄選需積極行動

民進黨將控告李乾龍涉賄與違反行政中立，但並無受理窗口，故綠營應督促法務部儘速成立查賄小組，以便積極偵辦下屆總統與立委賄選案件。

李乾龍 6 月 18 日在三重「珍豪」飯店，以全國鄉鎮市長聯誼會名義邀宴百餘人，為翌日馬英九宣布競選副手吳敦義造勢暖場，也為自己角逐三重區立委鋪路。

馬、吳分別與會，並逐桌敬酒，現場高喊「大家手牽手，全力挺英九」。依據法務部核頒「賄選犯行例舉」第四點：「假借聯誼活動，提供免費或自負額與成本顯不相當之餐飲或流水席」，即構成賄選。

李乾龍現任新北市民政局長，國民黨早在 5 月 25 日公布徵召他為新北市第三區（三重）立委候選人。既具公務身分，又被政黨提名，且於馬宣布副手前夕公開聚餐造勢，民進黨質疑其行徑構成賄選與違反行政中立。

總統與立委選戰已開打多時，隨處可見大型免費聚餐與變相旅遊式的進香團等賄選行為。然而，法務部轄屬各級檢察機關，其督導與查賄小組卻尚未成立，故應督促儘速成立並先行受理本案。

行政院長吳敦義日前指示內政部與法務部，針對首次中

央層級併選之查賄、制暴等策略與作為，應周延規劃執行，尚未見相關單位應有之積極作為。

下屆總統與立委併選，利於聯手綁樁賄選，如今檢調指揮權落在馬、吳手上，綠營反賄選如尚停留在「只宣傳不作為」的議題炒作，則年底檢調查到涉賄案件的藍綠比率恐不好看。

故民進黨除了檢舉李乾龍涉賄與行政不中立外，更應對反賄議題的實際運作，要有與時俱進的行動方案，始能重掌議題優勢。

（自由時報 2011.6.27）

反賄 緩查賄

　　高雄地檢署檢察長疑因五都選舉時「查賄第一名」遭調離，證明馬英九總統長期打出的「清廉、反賄」口號攏係假。

　　2010 年五都選後，統計賄選舉發案件共 3295 件。然而亮麗數據的背後，如果只是查到樁腳與選民的累計，不能查到候選人，或專找 B 咖或 C 咖候選人的碴，難讓各界心服。

　　再者，選後如不敢對廣義涉賄的 A 咖當選人（或指標候選人），提起「當選無效」之訴，漂亮查賄數據僅是檢調幫執政者化妝遮羞的道具。

　　如以檢方主動提起「當選無效」之訴做為評比標準，五都選後共提起 14 案：雄檢 7 案、南檢 6 案、板檢 1 案，而中檢、北檢、士檢都掛零，雄檢勇奪第一。（已有兩案一審當選無效成立：台南陳進義、新北蘇有仁。）

　　只有南部才有賄選嗎？非也。以同等級的上屆 2006 年北高二都選舉為例（當年縣市尚未合併，只有二都），共起訴候選人 6 名：北市 4 名、高雄 2 名，都是北部多於中南部。

　　再以 2008 年第七屆立委查賄為例，起訴候選人選區分布：北縣 4、苗縣 4、桃縣 2、中縣 1、彰縣 1、南縣 1、屏縣 1、原住民 3、金門 1。故賄選是不分地域，成績優劣全賴檢調，而檢察長的領導風格最具關鍵。

（自由時報 2011.7.1）

跑票　鈔票　一狗票

12月25日正副議長選舉，證實「跑票」是事實；「跑票」議員視黨中央「票票入匭」的指令與「黨紀」如無物。

為何黨籍民代屆屆膽敢挑戰黨中央，而且背棄選民所託？理由很簡單，因為跑票的下場，不見得不好，有時還受到獎賞，多美好啊！最經典的「跑票」紀錄，非屬台中市議員陳世凱莫屬。

精彩戲碼如下：台中市顏清標（本屆立委）與張清堂（上屆議長），之前共同涉犯花酒案，於任內判罪定讞同遭解職，造成立委與議長補選。民進黨籍市議員陳世凱，在議長補選當天早上跑票，當天下午卻立即獲該黨中央提名參與立委補選。

陳世凱當時是新科議員，卻能在同一天的上午場與下午場，獨自擔綱演出「一魚兩吃」的戲碼！陳世凱在立委補選雖然失利，卻再度被提名參選這屆議員（一魚三吃），並在該區獲最高票連任成功（一魚四吃）。

易言之，跑票者表面上受到停止黨權處分，但因為停權僅三個月，實質上（一）立即獲黨中央提名參與立委補選。（二）不影響其連任提名權利。（三）選區支持者再度支持他以第一高票蟬聯市議員成功。

　　黨與支持者以實際行動，獎勵支持跑票者，跑票的下場既然如此美好，過去也有輕輕放過跑票者的紀錄。所以這次黨中央雖然一再重申「不亮票」，會受到最嚴厲處分的喝令，但對有基層實力、有派系當靠山的黨籍民代，自然僅供參考。

　　民進黨既然知道他黨人士向黨籍民代有行賄事實，主席蔡英文應該點名下令他們，勇於出面檢舉賄選才是。但未見民進黨下令，顯然不願擋同黨民代的財路，給選民的印象是得了便宜還賣乖。

　　黨中央對於跑票者繼續提名參選，證明黨不敢得罪派系保薦的嫡系人馬。而更妙的是，泛綠支持者對黨繼續提名跑票者參選，不但不譴責、不抵制，還繼續票投「一魚四吃」的投機者，以最高票讓他當選連任。

　　上（黨）下（選民）齊鄉愿，更讓跑票者有恃無恐。如此一來，「不跑票不拿錢者」，當然會被「跑票的得利者」所竊笑。此次醜陋的跑票演出，證明黨已失去「清廉、反賄」的核心價值，且對山頭派系已失去約束能力。

（自由時報 2014.12.27）

重懲黃國昌　輕罰顏家班

中選會差異性的裁決，有失中立公正，同屆選舉犯相同的法規，裁罰卻不一樣；時代力量與顏寬恒涉犯選罷法，中選會寬嚴不一的裁罰自失立場，讓人對中選會的中立公正立場表示懷疑。

本屆總統、立委（二合一）選舉，時代力量黨主席黃國昌舉辦選前造勢，超過晚上十點仍進行活動，日前遭到中選會依違反《公職人員選舉罷免法》，對政黨與個人各開罰100萬罰鍰。

比對同樣是本屆選舉於投開票日，在台中市烏日區有人舉發三件「為特定候選人從事助選拉票行為」，經送警方偵辦成案，檢送台中市監察小組審查與台中市選委會決議，建請中選會各裁處新台幣50萬元。殊知，中央選委會將兩案降低裁罰金額為17萬元、另一案卻放水不罰。上開烏日區被舉發的三案，都是幫顏家班（顏寬恒）拉票時當場被逮。

選罷法第56條規定，政黨及任何人，不管是（一）競選活動期間之逾時競選，（二）或於投開票日從事競選助選活動，均應依同法第110條第五項規定「處50萬以上500萬元以下」罰鍰。此項罰則，多年來都是同一標準裁罰，還曾有縣市選委會降低標準裁罰，遭到中選會駁回地方選委會

重新審議重新裁罰。也就是說，最少要裁處最低額的罰鍰（不能下修打折）。

　　這次，時代力量黃國昌與顏家班，在同年同屆選舉，犯下同條法規，且裁罰下限 50 萬、上限 500 萬，也都相同；但是中選會（一）對黃國昌採取中度罰則（100 萬），而且是雙重罰（個人與政黨都罰共 200 萬），裁罰絕不手軟。（二）但對顏家班不但未依最低額（50 萬），還自動降價打三四折（只罰 17 萬），進一步特別優惠（三件只罰兩件、一件免費贈送）。

　　為何有這樣的差異？時代力量應該深入了解。而號稱公平公正的中選會，有如此差異性的裁決對待，不但自失立場，也讓人匪夷所思！

（自由時報 2016.9.22）

議長選舉　錢拳萬歲

　　12 月 25 日在國際上是聖誕節，在中華民國史上是行憲紀念日，在台灣地方自治史上是 22 個縣市府會交接的日子。今年，縣市長交接的新聞，掩蓋了各縣市議會悄然運作多時的「政治交易工程」。

　　府會交接，媒體似乎只重視六都的市長交接：看哪都的小內閣素人多？哪方總統人馬率先進駐戰鬥位置？哪位市長交接花樣多？誰花人民納稅錢最瀟灑？

　　過去，縣市議會就職典禮後的正副議長選舉，是地方派系籌碼交易、政治實力的展現。議員選後，正副議長選前的集體出遊，集體消失；交接典禮當天兩路人馬集體押解現身，猶如集體赴刑場槍決前的悲壯。

　　議場內外黑影幢幢，氣氛森嚴。而檢調警也在議會周遭與現場密布攝影機，裝模作樣的擺開陣勢，準備錄下投票時的亮票花招，以及跑票者演出追趕跑跳碰的戲碼。

　　以上都是因為過去的正副議長選舉採取「秘密投票」，所產生的怪象與亂象；如今，正副議長改成記名投票，類似台中市議員陳世凱（年輕力壯、耳聰目明）因圈選處電燈昏暗而選錯的情況，不可能發生。

　　民代政客選前的「承諾交易」，比年輕人的海誓山盟還

要海枯石爛；而過往的投票亂象，今年可能不再發生，也有可能會絕跡免疫。果真如此，會讓國際政壇驚嘆連連：台灣政客的「信用」沒話說，「拿到」就一定公開唱名「兌現」！

今天是行憲 71 周年紀念日，想不到這一批民代政客，率先履行銀貨兩訖、童叟無欺，真正達到「禮運大同篇」的境地。讓我們共同歡呼「中華民國錢拳萬歲」！

（自由時報 2018.12.25）

選舉查賄 績效難看

九合一選舉，全國共發逾 11 億 3700 萬元檢舉獎金，表面數字頗為亮麗，然經仔細盤算，如此查賄成績實在是笑死人。

以查賄績效全國第一的嘉義地檢署為例，去年該署接獲 1080 件賄選案，起訴 284 件（起訴比率 26％）；查扣現金 112 萬 4000 元（每件起訴案平均查扣 3958 元），羈押 51 人，提起當選無效之訴有 14 件。

再根據法務部訂定的「鼓勵檢舉賄選要點」規定，九合一選舉，檢舉賄選成案，每案頒給新台幣 50 萬至 1000 萬元不等獎金（視選舉種類）。僅以最低額 50 萬元獎金計算，如果起訴的 284 件，終審全部判決有罪定讞，則嘉義地檢署要發出 1 億 4200 萬元；如果起訴後，全部獲判無罪，還是要頒給每案檢舉人四分之一獎金，共 3550 萬元。

全國最猛的嘉義地檢署，每件賄選案平均查扣 3958 元，可見幾乎只抓到小蝦米。而該地檢署共查扣現金僅僅 100 餘萬元，與頒發的檢舉獎金相比，實在不成比例。

只抓買票小蝦米，不敢攬抄選舉賭盤大組頭，不但無法嚇阻惡劣選風，也因頒發巨額獎金，反而讓國庫損失慘重。全國第一的數據都如此難看，其他地檢署就不用說了。

明年總統、立委選舉，機動賠率天天浮動開出，市井間到處可簽賭，而動輒10億、100億元的賭金，隨時撼動選情。

法務部在選前就要祭出鐵腕，要求各地檢調拿出「可看」的成績，不要每次都在選後，拿出「笑死人」的成績唬弄社會。總歸一句，法務部要加油啦！

（自由時報 2019.11.5）

反賄選口號與口水

在野時，反賄選起家的民進黨，在選前總會來場「反賄秀」，這次總統大選前也不例外。

該黨這次成立的「反賄選督導小組」，由前法務部長邱太三當召集人，同邀「青年律師團」召開「打假反賄、全民動起來」記者會，呼籲民眾勇於檢舉賄選以及打擊假訊息，並祭出檢舉「獎金制度」，鼓勵民眾踴躍檢舉。

檢視該黨中央黨部新聞稿全文，完全找不到「獎金制度」在哪？亦即，執政後的民進黨，記者會只是照本宣科、例行公事。陽春麵清清如水，湯裡連肉屑、骨頭都沒摻。

在官方，法務部訂有「鼓勵檢舉賄選要點」，頒給高額獎金鼓勵抓賄；在民間，藍綠陣營獎勵抓賄有數十次。官方頒給獎金是真；民間與藍綠陣營則噱頭多、落實少。

以 2000 年總統大選台中縣獎勵抓賄為例，當時縣長是綠營廖永來，在縣府網站鼓勵抓賄（每件頒給新台幣 200 萬元）。有梧棲柴姓鎮民抓到連戰的樁腳買票，起訴並判決有罪定讞，事後請領獎金遭到拒絕，廖永來變成抓賄史上的「獎勵抓賄黃牛」。

由於邱太三是廖永來的副手（副縣長），應對上述「獎勵抓賄黃牛事件」記憶猶新。既知中央黨部並無編列獎金預

算，也未提撥獎金交付信託，深恐日後再度造成黃牛事件。

　　所以今年的「反賄秀」，只高喊祭出獎金制度，檢視內容卻空無一物。別認真，唬弄唬弄社會而已啦！

　　綠抓到藍的賄選，事後黃牛（不給獎金），已很難讓人理解？萬一抓到綠營賄選，選後民進黨中央必須頒獎金給「抓到綠營賄選」的選民，如此場景甚為難堪。

　　打開法務部「第二季政黨連坐裁罰案件統計表」，共 6 件賄選案，其中國民黨佔 4 案、民進黨 2 案。也就是說，藍綠皆涉賄，已是經常發生的事實。這難道是民進黨執政後，反賄選秀，只敢清湯掛麵、沒骨又無肉的原因？

（自由時報 2019.12.6）

以賭盤操作賄選

　　高屏地區已陸續查獲選舉賭盤，最高檢察署統計，已破獲 53 件總統、9 件立委地下賭盤。統計與比較「六次總統」與「歷屆地方公職」賄選樣態，總統選舉之賄選逐漸走向賭盤方式為之。探究其原由不外是：

　　一、選區單一：總統選舉係全國單一選區，候選組數又少，樁腳採用賭盤樣態與選民對賭，勝負賠率簡單易懂，容易散播推銷。

　　二、「賭盤與賄選」涉犯刑度不同：前者係犯普通賭博罪，罰 1000 元以下；做莊賭場圖利或聚眾賭博，三年以下、得併罰 3000 元以下（刑法第 266 條）。後者係犯總統選罷法（第 86 條），處三年以上、十年以下，得併科新台幣 100 萬至 1000 萬元罰金。

　　三、檢舉「賭盤與賄選」獎勵制度差很大：檢舉賭盤無獎勵制度，缺少檢舉誘因；而檢舉賄選，最高 1500 萬元、最少還有 50 萬元。

　　所以，為了規避總統選罷法之重罰，總統選舉之樁腳漸改以低風險的「賭盤」模式操作。賭徒分析，備妥數 10 億或 100 億資金，如以「高倍賠率」操作 80 萬名賭客，選情即可能瞬間翻盤。

　　選舉日迫切蒞臨，要修改刑法與總統選罷法絕對來不及。因應賭盤猖獗，法務部應增修「賄選犯行例舉」與「鼓勵檢舉賄選要點」，將賭盤樣態列入「賄選犯行例舉」，其罪刑刑度比照賄選罪。且應將檢舉賭盤列入「鼓勵檢舉賄選要點」，讓檢舉賭盤者有獎金可拿，強化檢舉誘因。

（自由時報 2019.12.11）

為何「消波塊」會沉？

　　這次總統、立委選舉，台中市最受市民矚目的是立委第二選區與第三選區。第二選區是現任顏寬恒（國民黨）對上新人陳柏惟（基進黨），第三選區是現任洪慈庸（無黨籍）與楊瓊瓔（國民黨）二度對壘。

　　若論精彩度，第二選區更勝於第三選區，原因是「顏家班」勢力強大，陳柏惟則是初出茅廬，且是高雄空降的小卒。然而陳柏惟從「零」起步，逐步拉近到勝出，演出本屆立委選戰最精彩的一役，太離奇了！

　　其實，早在去年 8 月，民進黨禮讓同屬泛綠的陳柏惟對抗顏家班消息傳出後，筆者即投書〈陳柏惟大戰顏家班〉選情評論，主要論點是在立委改制成「單一選區」後，顏家班的勝選紀錄其實不甚亮麗：一、顏清標的兩次對手均非綠營正規軍，實力弱，但兩次都僅僅是以六比四的得票率勝出。二、顏寬恒接班競選兩次，兩次都是慘勝，且兩次得票率均未過半。

　　關鍵是，以上四次選戰，在民進黨幾乎棄守（畏戰）下，顏家班從未出現大獲全勝的得票紀錄，顯見顏家班因形象爭議過大，實力談不上堅實，反顏家班的基本票源是四成。

　　雖然顏家班這次對手是高雄「中漂」陳柏惟，但是陳卻

具有下列特質與優勢：一、邏輯清楚、口條流利。二、競選全程台語闡述，在海線農業區有傳播優勢。三、廣獲各有線、無線電視政論節目邀請，媒體曝光率高。四、媒體流量點閱與網路聲量，全國名列前茅。這些，顏寬恒都稍顯遜色。

　　值得一提的是，泛綠陣營與社運領袖全力幫陳柏惟站台助講，欲擊垮顏家動機強烈，是前所未見的現象，推測應該與顏家班形象不佳有關。

　　陳柏惟當選，是責任的開始，要隨時記得選民的付託；何況顏家尚有市議會副議長顏莉敏的命脈，顏清標本人也長期擁有大甲「鎮瀾宮」董事長頭銜與全國媽祖聯誼會的資源，形象稍微修正，且將背景顏色有所調整，顏家隨時都有東山再起的可能。

（自由時報 2020.1.12）

舉發「雞排賄選」有感

　　爲防止暴力與賄選，依中選會規定，選前要召開「選監檢警聯繫會報」因應，由縣市選委會主委主持，選舉監察小組召集人、轄區檢察長、警察局長等四人出席。

　　筆者是以台中市選舉監察小組召集人身分出席，除分享個人二十多年抓賄經驗，並向檢察長陳宏達提出告發書狀，舉發謝龍介、陳之漢（館長）以選後贈送雞排的模式賄選。

　　告發書狀分別移轉給謝龍介戶籍區台南地檢署、陳之漢戶籍區新北地檢署偵辦，兩案最後均以「未有犯罪事實簽結」，讓人不解？

　　鑑於政客賄選模式千奇百怪，檢調查賄標準不一，陳定南擔任法務部長時，訂定「賄選犯行例舉」，以正面表列的方式，且價值逾 30 元即構成對價賄選。30 元可查辦，而謝龍介「千份」雞排值約 5 萬元、陳之漢「萬份」雞排價約 50 萬元，卻簽結不查。

　　選後，謝龍介以「雞排祭品文」與捐款 30 萬元給弱勢團體作收，陳之漢在選後加碼發出 1 萬 2000 份兌現對價。

　　依據「鼓勵檢舉賄選要點」第九點：「將檢舉賄選期間限定在投票日後十日，不但與賄選後謝實情不符，且有違鼓勵檢舉賄選之旨，爰將檢舉期間修正爲各項選舉法定任期屆

滿後，以擴大檢舉賄選之效果。」

　　政客、網紅、粉絲等支持者，在「選前」以利誘手段，公開宣示如某方勝出，即發送「雞排」慶賀。選後，公然「兌現」其選前承諾，以實際「後謝」行動履行「對價」關係。故選後兌現贈送雞排的行為，就是賄選。

　　總統選舉，全國同一個選區，任何利誘均造成對價關係。一份雞排約新台幣 50 元之對價，足以引誘影響投票行為。而千份、萬份雞排，金額高達新台幣數十萬元，該當查辦。檢調應對賄選新玩意兒拿出對策，不可一再發生魔長道消、束手無策。

（自由時報 2020.3.21）

顏清標的面子與裡子

「刪Q」正式啟動，顏家面臨「休養生息」或「連續征戰」的抉擇。

2月8日，「刪Q總部」已到中選會提交第一階段提議書，要罷免台中第二選區立委陳柏惟。顏寬恒以「因我跟他是對手，對罷免不能有看法，但表示尊重」加以回應。

話雖如此，然顏家兄妹（寬恒與莉敏）「2021牛轉錢坤」連袂拜年看板，海線處處可見。顯然顏家嘴巴說的，與外界看到的大異其趣。

罷免已啟動，如顏家對罷免案置之不理，可韜光養晦，三年後（下屆立委）再戰，無疑地讓陳柏惟繼續在海線坐大。如顏家配合「刪Q」演出，今年必須面臨接踵而來的三場硬仗：（一）8月28日配合藍營反萊豬公投。（二）9月中旬罷免3Q投票。（三）年底參與補選立委。

最近20年，顏家參與24次選舉：8次里長、1次省議員、2次縣議員（2次議長）、2次市議員（1次副議長）、7次立委（包括1次補選）。連續征戰，要考量的是動員疲態程度，以及後勤資源是否充足？

要遏止非理性的報復性罷免運動，最佳的方式是：掌握立院多數席次的民進黨，應立即提案修改選罷法，火速提高

罷免門檻。不思此途,面對藍營報復性的罷免,卻聞綠營要發動罷免江啓臣立委,加以反制。

江啓臣目前是藍營台中紅派的少主,而顏清標則是黑派的實質領袖。國民黨動員「刪Q」,如果加上紅派全力配合黑派的罷免行動,則通過罷免的機率大大提高。

本屆立委選舉台中市第二選區,各界公認是顏家穩贏的席次,不料卻慘敗給名不見經傳的高雄小子陳柏惟,連顏家的根據地(沙鹿)也輸了。該次選舉重創顏家的顏面與政經地位,也成為市井小民茶餘飯後的趣談。

這次「刪Q」,顏家要迴避或迎戰,面臨兩難。或許鎮瀾宮董事長顏清標,可以向靈驗的媽祖婆拜求解惑與開示吧!

(自由時報 2021.2.20)

南台灣踏查手記

原著｜ Charles W. LeGendre（李仙得）

英編｜ Robert Eskildsen 教授

漢譯｜ 黃怡

校註｜ 陳秋坤教授

2012.11 前衛出版 272 頁 定價 300 元

從未有人像李仙得那樣，如此深刻直接地介入 1860、70 年代南台灣原住民、閩客移民、清朝官方與外國勢力間的互動過程。

透過這本精彩的踏查手記，您將了解李氏為何被評價為「西方涉台事務史上，最多采多姿、最具爭議性的人物」！

節譯自 *Foreign Adventurers and the Aborigines of Southern Taiwan, 1867-1874*
Edited and with an introduction by Robert Eskildsen

台灣經典寶庫6

C. E. S. 荷文原著

甘為霖牧師 英譯

林野文 漢譯

許雪姬教授 導讀

2011.12 前衛出版 272頁 定價300元

被遺誤的台灣 *Neglected Formosa*

荷鄭台江決戰始末記

1661-62年，
揆一率領1千餘名荷蘭守軍，
苦守熱蘭遮城9個月，
頑抗2萬5千名國姓爺襲台大軍的激戰實況

荷文原著 C. E. S. 《't Verwaerloosde Formosa》(Amsterdam, 1675)
英譯William Campbell "Chinese Conquest of Formosa" in 《Formosa Under the Dutch》(London, 1903)

回憶在滿大人、海賊與「獵頭番」間的激盪歲月

Pioneering in Formosa

歷險 福爾摩沙

台灣經典寶庫5

W. A. Pickering
(必麒麟) 原著

陳逸君 譯述　劉還月 導讀

19世紀最著名的「台灣通」
野蠻、危險又生氣勃勃的福爾摩沙

Recollections of Adventures among Mandarins,
Wreckers, & Head-hunting Savages

前衛出版
AVANGUARD

甘為霖牧師原著

素描福爾摩沙

Wm. Campbell

一位與馬偕齊名的宣教英雄，

一個卸下尊貴蘇格蘭人和「白領教士」身分的「紅毛番」，

一本近身接觸的台灣漢人社會和內山原民地界的真實紀事……

譯自《Sketches From Formosa》（1915）

原來古早台灣是這款形！

百餘幀台灣老照片

帶你貼近歷史、回味歷史、感覺歷史……

前衛出版
AVANGUARD

誠品書店
www.eslite.com

陳冠學 一生代表作

一本觀照台灣大地之美 20世紀絕無僅有的散文傑作

陳冠學是台灣最有實力獲諾貝爾文學獎的作家……
我去天國時,《田園之秋》是我最想帶入棺材的五本書之一

—— 知名媒體人、文學家 汪笨湖

中國時報散文推薦獎/吳三連文藝獎散文獎/台灣新文學貢獻獎
《讀者文摘》精彩摘刊/台灣文學經典名著30入選

前衛出版
AVANGUARD

福爾摩沙
紀事
From Far Formosa
馬偕台灣回憶錄

19世紀台灣的
風土人情重現
百年前傳奇宣教英雄眼中的台灣

前衛出版
AVANGUARD

台灣經典寶庫
譯自1895年馬偕 著《From Far Formosa》

國家圖書館出版品預行編目（CIP）資料

買票政治學：民主奇蹟下的賄選怪象/王洲明著. -- 初版. --
臺北市：前衛出版社, 2021.11
　　面；15×21公分

　　ISBN 978-957-801-992-8(平裝)

　　1.臺灣政治　2.賄選

574.33　　　　　　　　　　　　　　　110017114

買票政治學
民主奇蹟下的賄選怪象

作　　　者　王洲明
主　　　編　曾明財
責任編輯　楊佩穎
封面設計　江孟達設計工作室
美術編輯　宸遠彩藝

出版贊助　　國家人權博物館
　　　　　　NATIONAL HUMAN RIGHTS MUSEUM

出 版 者　前衛出版社
　　　　　　10468 台北市中山區農安街153號4F之3
　　　　　　Tel：02-25865708　Fax：02-25863758
　　　　　　郵撥帳號：05625551
　　　　　　購書‧業務信箱：a4791@ms15.hinet.net
　　　　　　投稿‧代理信箱：avanguardbook@gmail.com
　　　　　　官方網站：http://www.avanguard.com.tw
出版總監　林文欽
法律顧問　陽光百合律師事務所
總 經 銷　紅螞蟻圖書有限公司
　　　　　　114066台北市內湖區舊宗路二段121巷19號
　　　　　　Tel：02-27953656　Fax：02-27954100

出版日期　2021年11月初版一刷
定　　　價　新台幣300元

ISBN：9789578019928（平裝）
　　　　9786267076033（PDF）
　　　　9786267076040（E-Pub）

＊請上『前衛出版社』臉書專頁按讚，獲得更多書籍、活動資訊
　hhttps://www.facebook.com/AVANGUARDTaiwan